Michael Prestwich
Ritter

Christine de Pizan, aus dem *Livre des Faits d'Armes et de Chevalerie*, 15. Jh.

Michael Prestwich
Ritter
Der ultimative Karriereführer

Aus dem Englischen übersetzt von Jörg Fündling,
für das Deutsche bearbeitet von Jan Keupp

Zur Erinnerung an Lucy Thweng, die viele Ritter kannte

Die englische Originalausgabe ist 2010 bei Thames & Hudson unter dem Titel *Knight. The Medieval Warrior's (Unofficial) Manual* erschienen.
© 2010 Thames & Hudson Ltd., London

Die Deutsche Nationalbibliothek verzeichnet diese Publikation in der Deutschen Nationalbibliographie; detaillierte bibliographische Daten sind im Internet über http://dnb.d-nb.de abrufbar.

Das Werk ist in allen seinen Teilen urheberrechtlich geschützt. Jede Verwertung ist ohne Zustimmung des Verlags unzulässig. Das gilt insbesondere für Vervielfältigungen, Übersetzungen, Mikroverfilmungen und die Einspeicherung in und Verarbeitung durch elektronische Systeme.

© der deutschen Ausgabe 2011 by Primus Verlag, Darmstadt
Die Herausgabe des Werkes wurde durch die Vereinsmitglieder der WBG ermöglicht.
Gedruckt auf säurefreiem und alterungsbeständigem Papier
Einbandgestaltung: Christian Hahn, Frankfurt a. M.
Einbandmotiv: Ritter beim Tjost; aus *Sir Thomas Holmes's Book*, ca. 1445
Gestaltung und Satz: Anja Harms, Oberursel
Printed in Germany
www.primusverlag.de
ISBN: 978-3-89678-853-5

Lizenzausgabe für die WBG (Wissenschaftliche Buchgesellschaft), Darmstadt
Umschlaggestaltung der WBG-Lizenzausgabe: Peter Lohse, Heppenheim
Umschlagmotiv der WBG-Lizenzausgabe: Richard III. / Turnierszene,
Bild: akg-images
www.wbg-wissenverbindet.de
ISBN 978-3-534-23799-9

Elektronisch sind folgende Ausgaben erhältlich:
eBook (PDF): ISBN 978-3-86312-710-7
eBook (PDF): ISBN 978-3-534-72163-4 (für Mitglieder der WBG)

Inhalt

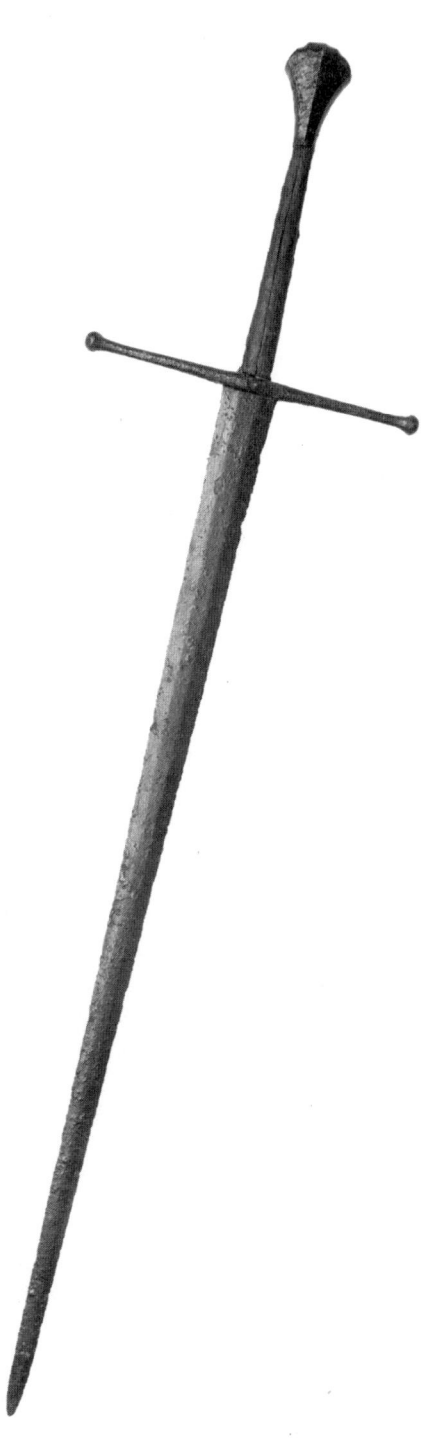

7
I Die Welt eines Ritters

18
II Erziehung und Ausbildung

28
III Wie man Ritter wird

44
IV Waffen, Rüstung und Pferde

68
V Ritterorden

78
VI Anwerbung und Gefolgsleute

88
VII Turnier und Tjost

104
VIII Feldzüge

124
IX Auf dem Kreuzzug

135
X Söldner

146
XI Damen und Jungfrauen

160
XII Belagerungen

174
XIII Die Schlacht

196
XIV Lösegeld und Beute

209
XV Gute Werke und Nachleben

216
Anhang

216
Karte des mittelalterlichen Europa

218
Glossar

219
Zeittafel

220
Zum Weiterlesen

221
Nachweis der Zitate

226
Index

231
Abbildungsnachweis

I Die Welt eines Ritters

> Jeden Mann, der sich in dieser kriegerischen Berufung bewährt, sollte man schätzen und ehren.
>
> GEOFFROI DE CHARNY, *Das Buch vom Rittertum* (1350/51)

Stellen Sie sich vor, Sie sitzen auf einem prächtigen Streitross, gehüllt in eine schimmernde Rüstung, und schwingen Schwert, Lanze und Schild. Oder Sie sind bei Hof, berühmt für Ihren Heldenmut und umringt von schönen Jungfrauen. Natürlich wären Sie gern Ritter. Aber das ist nicht damit getan, sich ein Pferd und eine Rüstung zu kaufen; es gibt viel für Sie zu lernen. Bücher können vielleicht die Ideale des Rittertums vermitteln, aber sie enthalten nicht die Praxistipps, die Sie brauchen, wenn Sie entschlossen sind, auf dem Schlachtfeld Ihr Leben – und möglicherweise auch den Tod – für Ihren Ruhm zu riskieren.

Der ultimative Karriereführer für den Ritter verrät Ihnen alles, was Sie wissen müssen. Beim Schreiben dieses Handbuchs ist größte Sorgfalt darauf verwendet worden, durchweg so aktuell wie möglich zu sein. Und so sind alle hier vermittelten Inhalte und Informationen auf der Höhe unserer Zeit: sprich dem Jahrhundert von 1300 bis 1415.

Seit Beginn des 14. Jahrhunderts haben wir in ganz Europa in einem Zeitalter der Kriege gelebt, und der Ritter zu Pferde ist die eindrucksvollste Figur auf dem Schlachtfeld. Dabei ist er viel mehr als bloß ein Soldat; er soll der Inbegriff der Ritterlichkeit sein, ein Muster an Tugenden. Tapferkeit, Treue, Großmut und Barmherzigkeit zählen zu seinen Leitsätzen.

König Artus beim Vorsitz der Tafelrunde. Legenden über Artus und seine Ritter der Tafelrunde sind beliebt – sicher kennen Sie schon welche –, aber nehmen Sie sie bitte nicht zu ernst.

Doch zwischen diesen Idealen und der praktischen Seite der Kriegführung klafft ein tiefer Graben. Auf dem Schlachtfeld treten dem Ritter gewöhnliche Soldaten mit Bogen und Pike entgegen, die ihn oft genug besiegen; er kämpft häufiger zu Fuß als im Sattel, und im wirklichen Leben verwandeln sich die Ideale des Rittertums oft in Tücke, Betrug, Profitgier und Grausamkeit.

Die Ratschläge in diesem Karriereführer verdanken sich den Lebenserfahrungen von Rittern und Waffenknechten. Sie beruhen nicht etwa auf Ritterromanen; Geschichten von König Artus und an-

Die Ritter von heute lassen sich durch die große Vergangenheit inspirieren. Dieses Bild zeigt die ritterlichen Gefolgsleute des berühmten Helden Gottfried von Bouillon, eines der Anführer des Ersten Kreuzzugs im 11. Jahrhundert, beim Ausreiten in die Schlacht.

deren Helden des Mythos können Sie vielleicht während einer Belagerung oder in Gefechtspausen bei Laune halten, und manchmal spiegelt sich in ihnen sogar ritterliches Verhalten, aber ein realistischer Leitfaden sind sie kaum.

Dies ist wohlgemerkt kein Lehrbuch für die Sorte Ritter, die zwar mal in ein, zwei Feldzüge aufbricht, aber die meiste Zeit damit verbringt, den Grundbesitz zu verwalten, in der Lokalpolitik mitzumischen und Prozesse zu führen. Dies ist vielmehr ein Handbuch für einen Ritter, der kämpft.

Krieg ist eine komplizierte Sache, nicht bloß eine Szene, bei der bunt herausgeputzte Ritter ins Gefecht davonsprengen. Zuerst einmal verlangt er eine Menge Organisation. Ein Staat braucht ein System zur Besteuerung, um das Geld für Armeen von bis zu 30 000 Mann aufzubringen. Raffinierte Kreditnetzwerke, die von internationalen Handels- und Bankhäusern betrieben werden, sind notwendig, damit Fürsten und Städte die kurzfristigen Bedürfnisse kostspieliger Feldzüge erfüllen können. Armeen brauchen Nachschuborganisationen, welche die Hunderte Tonnen Nahrung und Zehntausende Liter Getränke für sie heranschaffen. Der Belagerungskrieg erfordert es, modernste Militärtechnik in Stellung zu bringen. International anerkannte Konventionen, die sich praktisch wie ein Kriegsvölkerrecht auswirken, regeln Konflikte und die Vorgänge danach. Innerhalb dieses Rahmens bietet sich für ehrgeizige Ritter in spe eine Menge Spielraum, ihre Karriere aufzubauen.

Wo können Sie kämpfen?

Der Krieg ist in Europa fest verwurzelt, und als Ritter werden Sie keine Mühe haben, Arbeit zu finden. Konflikte zwischen den Reichen sind an der Tagesordnung, besonders festgefahren ist aber der zwischen Frankreich und England; dieser Krieg hat 1337 begonnen und sieht so aus, als könnte er hundert Jahre dauern. Daraus ergibt sich eine verzwickte Situation; aus der einen Perspektive sind die englischen Könige abtrünnige Vasallen der französischen Herrscher, aus der an-

Bei Crécy triumphierten 1346 die Engländer über die Franzosen.

deren gibt ihr Stammbaum ihnen das Recht, sich Könige von Frankreich zu nennen. Örtliche Fehden und innere Auseinandersetzungen lassen diesen Konflikt oft mehr wie einen Bürgerkrieg als wie einen Zusammenstoß zweier Nationen aussehen. Große Schlachten unterbrechen das Kriegsgeschehen, vor allem die drei großen englischen Siege von Crécy 1346, Poitiers zehn Jahre später und in jüngster Zeit Agincourt 1415.

Auch französische Ansprüche in den Niederlanden (einschließlich des späteren Belgien) haben zu vielen Kämpfen geführt, von der Sporenschlacht von Courtrai 1302, als die Truppen der flandrischen Städte das französische Heer besiegten, bis zur Schlacht von Roosebeke 1382, als die Franzosen triumphierten. Ebenso hat Englands Appetit auf Schottland viele Feldzüge nach sich gezogen. Die englischen Erfolge unter Edward I. wurden unter seinem Nachfolger Edward II. in der Schlacht bei Bannockburn 1314 zunichte gemacht, aber unter dem nächsten Herrscher geriet der schottische König David II. bei Neville's Cross 1346 in Gefangenschaft. Einen weiteren Unabhängigkeitskrieg haben die Schweizer geführt, deren Infanterie den habsburgischen Kräften bei Morgarten 1315 und bei Sempach 1386 mehr als gewachsen war.

Bei Courtrai besiegten flämische Stadtbewohner 1302 ein großes französisches Heer.

Im römisch-deutschen Reich gibt es nicht nur im Dienst der Könige und des Kaisers reichlich Gelegenheit für ritterliche Taten, etwa auf einem der Züge über die Alpen nach Rom und Norditalien oder in den regelmäßig aufflammenden Thronkämpfen. Die deutschen Fürsten – ob Bischöfe, Herzöge oder Grafen – bekriegen sich fast unentwegt untereinander, selbst die Ritter führen untereinander Fehden. Und mit den Städten und ihren Bündnissen hat sich in den letzten Jahren ein neuer Machtfaktor gebildet, der Anlass genug für militärische Auseinandersetzungen gibt.

In Italien herrscht ständiger Zwist zwischen den Städten, wobei Mailand, Florenz und Venedig in einer Welt rasch wechselnder Bündnisse und häufiger Feldzüge die mächtigsten Akteure sind. Der Reichtum der Städte und die Gelegenheit zum Kämpfen üben auf Söldner aus Deutschland und anderswo eine magnetische Anziehung aus. Das Papsttum weiter südlich ist nicht nur eine geistliche Macht, sondern in Gestalt des Kirchenstaates auch ein mächtiger Mitspieler in der komplizierten Politik auf der Halbinsel. Das Königreich Neapel, dessen Dynastie aus dem Anjou in Frankreich stammt, liegt im Streit mit Sizilien, das der König von Aragon beherrscht.

Die Iberische Halbinsel hat für einen ehrgeizigen Ritter in den letzten Jahren ebenfalls etwas zu bieten gehabt, besonders wegen der Thronwirren in Kastilien während der Sechzigerjahre des 14. Jahrhunderts und des portugiesischen Unabhängigkeitskampfes in den 1380er-Jahren.

Am anderen Ende Europas hat der Ostseeraum seit vielen Jahren eine deutsche Expansion erlebt, deren erbittertste Widersacher die Litauer sind. Es gibt reichlich Gelegenheiten, unter Führung des Deutschen Ritterordens den Kampf gegen sie aufzunehmen. Hierbei handelt es sich um einen Kreuzzug aus Glaubensgründen; im Mittelmeergebiet bieten sich weitere Kreuzzugsmöglichkeiten, aber Erfolg ist dort nicht ohne Weiteres zu erwarten.

Vier Ritter

Vier Ritter begleiten uns durch die Welt der Ritter, sind sozusagen unsere Gewährsmänner in allen praktischen Fragen und konkreten Lebenslagen.

Geoffroi de Charny: Er war *der* herausragende französische Ritter seiner Generation und schrieb das Standardwerk über den Ritterstand, das *Buch vom Rittertum*. Seine Militärlaufbahn begann 1337, in dem Jahr, als der gegenwärtige Krieg zwischen England und Frankreich ausbrach. De Charny wurde 1342 bei Morlaix von den Engländern gefangengenommen und bald freigekauft. 1343 wurde er zum Ritter geschlagen und ging 1345 auf einen vergeblichen Kreuzzug. Bei Crécy 1346 kämpfte er nicht mit, spielte aber eine immer wichtigere Rolle im weiteren Kriegsgeschehen. 1349 plante er, Calais durch Bestechung wiederzugewinnen, scheiterte jedoch. Erneut nahmen die Engländer ihn gefangen, und wiederum wurde er freigekauft. De Charny war eines der ersten Mitglieder im Orden vom Stern und wurde ausgewählt, das legendäre französische Banner zu tragen, die Oriflamme. 1356 fiel er, das Banner in der Hand, als er heldenhaft in der Schlacht bei Poitiers kämpfte. Sein *Buch vom Rittertum* war ein Versuch, die französische Ritterschaft zu erneuern und zu reformieren, es legt die Ideale fest, denen ein Ritter folgen soll.

John Hawkwood: Die erste Militärerfahrung sammelte Hawkwood, ein Mann aus Essex, in Frankreich, doch der kurzlebige Friede von 1360 hieß für ihn, dass er sich anderswo umsehen musste, um seine Karriere fortzusetzen. Ruhm und einiges an Vermögen fand er in Italien, anfangs bei dem als Weiße Kompanie bekannten Söldnerhaufen. Hawkwood diente Pisa, Mailand, Padua, dem Kirchenstaat und besonders Florenz, dessen Stadtregierung ihn über den grünen Klee lobte. Erstmals warben die Florentiner ihn 1377 an, und mit Unterbrechungen kämpfte er für die Stadt bis zu seinem Tode 1394. Hawkwood war ein Soldat mit überragenden Fähigkeiten, der sämtliche Details der Kriegführung eingehend kannte, ein Taktiker, Stratege und mitreißender Führer. Scheinbare Niederlagen verstand er in Triumphe zu verwandeln, und sein diplomatisches Geschick brachte ihm Erfolg in der undurchsichtigen Welt der italienischen Stadtfehden. Hawkwood wollte zwar immer nach England zurückkehren, starb aber in Italien als bekanntester der Söldnerführer oder *condottieri*, die der Republik Florenz dienten.

Boucicaut: Jean II. le Maingre trug wie vor ihm sein Vater den Spitznamen Boucicaut, der auf ein Fischernetz anspielt – niemand weiß genau, warum. Die Militärlaufbahn des 1366 Geborenen begann in sehr jungen Jahren. Er kämpfte beim französischen Sieg von 1382 über die Flamen bei Roosebeke mit und nahm danach an Feldzügen in Spanien, im Baltikum und im östlichen Mittelmeerraum teil. Trotz seiner Jugend wurde er 1391 zu einem der beiden Marschälle von Frankreich ernannt. Boucicaut zog 1396 mit in den Kreuzzug gegen die Türken auf dem Balkan und wurde im selben Jahr bei Nikopolis gefangengenommen. Nach seiner Freilassung kämpfte er für den byzantinischen Kaiser, ehe er 1391 zum Regenten von Genua ernannt wurde. Er war zwar ein großer Soldat, aber kein Politiker, und 1409 vertrieben ihn die Genueser. Boucicaut geriet 1415 bei Agincourt in Gefangenschaft und befindet sich derzeit in englischer Haft. Seine Biographie wurde 1409 als Rechtfertigung und Erklärung für seine nicht ganz rühmliche Herrschaft in Genua geschrieben; es handelt sich um eine klassische Beschreibung einer ritterlichen Karriere, auch wenn der Held sich als selbstgerechter Musterschüler präsentiert.

Oswald von Wolkenstein: Ein noch junger Ritter aus dem Tiroler Adel, der jedoch bereits auf eine erstaunliche Lebenserfahrung zurückblicken kann. Bereits im zarten Alter von zehn Jahren ging er als Knappe auf Abenteuerfahrt. Von Litauen im Norden hat ihn sein Wanderleben über Böhmen, Ungarn und das Schwarze Meer bis in den Vorderen Orient geführt, im Heer König Ruprechts I. stand er 1401 zudem in der Lombardei. Außerdem ist er 1409 als Pilger nach Jerusalem gefahren. Derzeit steht er im Dienst König Sigismunds, für den er in zahlreichen diplomatischen Missionen unterwegs ist: im Westen des Kontinents nach England und Schottland, Spanien und Portugal, wo Oswald tapfer gegen die Mauren gefochten hat.

Reich wurde Oswald von Wolkenstein durch seine Abenteuer nicht, im Streit um das väterliche Erbe ist er gar zum Juwelendieb geworden, und in seiner Burg Hauenstein lebt er eher als Hausbesetzer denn als Eigentümer, denn nur ein Drittel der Anlage gehört wirklich ihm. Hier sind Auseinandersetzungen vorprogrammiert, zumal der Ritteradel in Tirol sich nicht eben der Gunst des Landesherren, Herzogs Friedrich IV. „mit der leeren Tasche", erfreut. Sie erkennen Oswald sofort an seinem überlangen und nicht eben modischen Pilgerbart und seinem lädierten rechten Auge – sicherlich auch an seiner kräftigen Stimme, denn er ist ein begabter Sänger, und in seinen Liedern geht es meist deftig zur Sache.

Die Herausforderung

Sie haben eine Menge zu lernen, wenn Sie ein erfolgreicher Ritter werden wollen. Geoffroi de Charny erklärt in seinem *Buch vom Rittertum*, dass Ritter kühn sein und darauf brennen sollen, sich in Waffentaten und Abenteuer zu stürzen. Sie werden anstrengende Kraftproben und viele Rückschläge erleben; schreckliche Dinge werden ihnen begegnen, und es kann sein, dass sie besiegt und gefangengenommen werden. Die französische Dichterin Christine de Pizan zeichnet ein ähnliches Bild. Nach ihren Worten sollte ein Ritter weise und gütig, gnädig, höflich, freigebig, mild und beherrscht sein. Er sollte weit reisen, um Ehre zu gewinnen, und sollte unternehmungslustig und stolz darauf sein, Waffentaten zu vollbringen. Soweit die Ideale; um richtig erfolgreich zu sein, sollten Sie einige weitere, eher pragmatische Zutaten hinzufügen, außerdem ein gutes Stück Niedertracht.

Einige Fertigkeiten sind unerlässlich – Sie werden es nicht weit bringen, wenn Sie nicht wissen, wie man ein Pferd reitet, eine Lanze handhabt oder mit Schwert und Schild kämpft. Außerdem wollen die ganz verschiedenen Techniken beherrscht sein, die man für einen Lanzengang im Turnier oder auf dem Schlachtfeld benötigt. Für zermürbende Feldzüge, die Sie unter die glühende Mittelmeersonne oder in die düsteren, eisigen Tage eines baltischen Winters führen können, müssen Sie körperliche Fitness mitbringen. Doch es gibt noch viel mehr zu meistern; Sie müssen die ritterliche Kultur in all ihren Mehrdeutigkeiten und Widersprüchen verstehen lernen. Es gibt den Glanz des Turniers und die höfische Kultur mit ihren Liebesliedern und Romanzen, ihren Festessen und Tänzen. Aber auf dem Schlachtfeld müssen Sie ebenso zu Hause sein wie auf dem Tanzboden und mit der brutalen Seite des Krieges umgehen können. Und zu all dem gilt es sich noch die geschäftlichen Aspekte anzueignen, insbesondere den Freikauf Gefangener.

Es mag Ihnen so vorkommen, als hätten Sie erdrückend viel zu lernen, und das ist auch so, aber versehen mit der Expertise, die dieser Karriereführer bietet, erwartet Sie eine strahlende Zukunft als Ritter.

DIE HERAUSFORDERUNG 17

In dieser Turnierszene aus einer Handschrift von Froissarts *Chroniken* sieht man die Teilnehmer beim Umzug durch eine Stadt. Turniere sind Großereignisse und die Feierlichkeiten dauern oft mehrere Tage. Hier entfalten Herolde Banner mit dem Wappen des Königs von England, während unten Ritter auf reich geschmückten Pferden vorbeiziehen; Damen sehen den Vorgängen zu.

II Erziehung und Ausbildung

Übe Ritterschaft und lerne
Kunst, die dich zieret und in Kriegen sehre hofieret.

HANKO DÖBRINGER, *Fechtbuch* (1389)

Von einem Ritter erwartet man, dass er viele gute Eigenschaften unter Beweis stellt. Geschickter Waffengebrauch ist lebenswichtig; außerdem müssen Sie wissen, wie man sich richtig benimmt und in der Welt der oberen Stände bewegt.

Früh übt sich, wer ein Ritter werden will. Das Spiel ist der erste Schritt beim Kämpfenlernen. Das lehrt uns der Regensburger Domherr Konrad von Megenberg, selbst Spross einer fränkischen Ritterfamilie. Wer zum Ritter geboren ist, der solle schon früh das Steckenpferd reiten und mit kleinen Schwertern aus Holz üben. Außerdem sei es gut, wenn er früh Kriegsgeschichten zu hören bekäme, die sich in jungem Alter am besten einprägen.

Wenn Boucicaut mit seinen Jugendfreunden spielte, taten sie so, als wären ihre Mützen Helme und ihre Stöcke Schwerter. Sie stellten Belagerungen nach und spielten Schlacht. Boucicaut war ein braves Kind; anders Bertrand du Guesclin. Während er in der Bretagne aufwuchs, warb er die Jungen der Umgebung für seine Bande an und veranstaltete mit ihnen kleine Turniere, bis es ihm sein Vater verbot. Danach ging Klein-Bertrand ins Dorf, um Prügeleien anzufangen. Das Einzige, was sein Vater tat, war, ihn einzusperren – leider begriff er nicht, dass sein Sohn so wertvolle Talente für einen Ritter entwickelte.

In einem Adelshaus

Wahrscheinlich schickt man Sie zu Erziehungszwecken von zu Hause weg, damit Sie als Page (oder Edelknabe) in einem vornehmen Haushalt groß werden. In einem aristokratischen Haus gibt es in aller Regel einen Lehrer, der sich um die Erziehung der Jungen kümmert. Er bringt ihnen bei, ihre Kriegsausrüstung zu pflegen, und auch alles, was man braucht, um sie einzusetzen. Eine Menge können Sie lernen, indem Sie den Rittern und Knappen zuhören und beobachten, was sie tun.

Ein Ritter muss sich mit Waffen auskennen, aber er muss auch lernen, wie man sich bei Hof anständig benimmt, zum Beispiel, wie man bei Tisch bedient. Es gibt noch weitere Aspekte der Adelskultur zu verinnerlichen. Zwar können Sie die Feinheiten der Heraldik ruhig den Herolden überlassen, aber es ist wichtig, dass Sie lernen, wie man Wappen erkennt und beschreibt, und sich so viele wie möglich einprägen. Das ist (über)lebensnotwendig, um im Eifer des Gefechts Freund und Feind unterscheiden zu können. Die Geschichten über Ritterhelden der Vergangenheit, etwa die Sagen von Artus und seinen Rittern, sind ohne Frage ein cooler Stoff. Allerdings spricht Boucicaut sich dagegen aus, dass Sie so müßiges Zeug lesen, er empfiehlt, die Lektüre auf ernsthafte Literatur zur griechischen und römischen Geschichte sowie Heiligenbiographien zu beschränken.

Konditionstraining

Ein guter Ritter braucht Körperkraft, Durchhaltevermögen, ein scharfes Auge und viel Geschicklichkeit. Um das alles zu entwickeln, muss man vor allem eines: hart trainieren. Boucicaut gibt dafür das beste Vorbild ab. Als junger Mann begriff er, wie wichtig es für einen Ritter ist, athletisch zu sein. Sein Übungsprogramm umfasste unter anderem:
- Langstreckenlauf, um Ausdauer zu gewinnen,
- Sprung vom Boden in den Sattel seines Pferdes – natürlich in voller Rüstung,
- Gewichtheben zur Kräftigung der Arme.

Neben zahlreichen anderen Kraftakten konnte er:
- in voller Rüstung (aber ohne Helm) einen Purzelbaum schlagen,
- sich die Unterseite einer schräg stehenden Leiter hinaufhangeln, ohne die Füße zu benutzen, und dabei einen stählernen Brustpanzer tragen,
- ohne Panzer dasselbe mit nur einer Hand schaffen (wer's glaubt, wird selig).

Ständig übte Boucicaut mit einer Lanze und sonstigen Waffen. Er war nicht groß, aber außergewöhnlich sportlich. Nicht nur beim militärischen Training ragte er heraus: Wenn er nicht gerade auf dem Schlachtfeld stand, war er auch ein ausgezeichneter Tennisspieler.

Übungen mit Lanze und Schwert

Die Lanze ist eine komplizierte Waffe; es braucht enorme Gewandtheit, ihre Spitze gerade zu halten und damit richtig zu zielen. Bevor man das im Sattel übt, können Jungen es ausprobieren, indem sie sich auf einen kleinen Karren setzen und von ihren Freunden ziehen lassen. Verschiedene Übungsziele sind möglich, aber das beste ist die Quintane. Sie besteht aus einem senkrechten Pfahl, auf dessen Spitze sich ein waagrechter Balken frei drehen kann. Am einen Ende davon ist ein Schild befestigt, der die Zielscheibe bildet. Ein schwerer Sack am anderen Ende ist das Gegengewicht zum Schild, und falls Sie nicht richtig treffen oder zu langsam sind, schwingt er herum und brät Ihnen tüchtig eins über. Das müssen Sie endlos üben.

Übung verlangt auch das Schwert; Sie sollten es sowohl als Einhand- wie auch als Zweihandwaffe kennenlernen. Ein Schwert kann für Stiche ebenso gut wie für Hiebe eingesetzt werden. Und es kann defensiv benutzt werden, um die Waffe eines Gegners abzuwehren.

Es ist wichtig, den Schwertkampf auch zu Pferde zu üben; in der Schlacht bei Nikopolis gelang es Boucicaut durch Schwerthiebe nach rechts und links, sein Ross durch die türkischen Reihen zu treiben. Im Kampf auf kurze Distanz kann man auch mit Knauf und Schwertgriff zuschlagen.

Für den Schwertkampf zu Fuß prägen Sie sich die vier Grundpositionen und Ihre Abwandlungen samt allen verschiedenen Hieben und Stichen ein. Es gibt zahlreiche Bücher, die das Fechten erläutern:

> Auch soll man allemal lieber die oberen Blößen suchen denn die unteren und ihm (= dem Gegner) übcr dem Heft dreinfahren mit Hieben oder mit Stichen, kühn und rasch, denn man kann über dem Heft sehr fest und weiter weg treffen denn darunter und man ist so auch viel sicherer im ganzen Gefecht.

Der *Ritterspiegel* des Johannes Rothe empfiehlt außerdem, man solle mit der Linken wie mit der Rechten gleich gut fechten lernen, um sich im Kampfgetümmel nach allen Seiten verteidigen zu können.

Die Fechtkunst ist nicht für jedermann gedacht; das ist eine Fähigkeit, die ausschließlich der Kriegerelite vorbehalten bleibt. Meister Roger le Skirmisour unterhielt im frühen 14. Jahrhundert eine Fechtschule in London, doch man überführte ihn, „die Söhne achtbarer Persönlichkeiten dorthin gelockt zu haben, um den Besitz ihrer Väter und Mütter mit schlechten Gewohnheiten zu vergeuden und zu verschwenden, was dazu führte, dass sie selbst schlechte Männer wurden". Er hätte Städtern keine Kriegskünste beibringen sollen.

Reiten

Im Umgang mit Pferden brauchen Sie unbedingt viel Erfahrung. Sie werden mit lang geschnalltem Steigbügel und in aufrechter Haltung reiten. Sie müssen elastisch im Sattel sitzen und jederzeit das Pferd im Griff haben; Sie und Ihr Pferd müssen praktisch eins werden. Die Kontrolle wird ausgeübt durch die richtige Handhabung von Gebiss und Sporen – setzen Sie die Sporen nicht zu kräftig ein! Ihr Ziel sollte sein, wie der spanische Ritter Pero Niño zu werden, von dem es heißt, dass „er alles über Pferde wusste; er suchte nach ihnen, pflegte sie und hielt große Stücke auf sie. Zu seiner Zeit besaß niemand in ganz

22 ERZIEHUNG UND AUSBILDUNG

Rechte Seite:
Die Jagdszene zeigt einen König, der einen Hirsch erlegt, die vornehmste Jagdbeute. Das Jagen ist eine hervorragende Übung für Ritter, allerdings brauchen Sie im Krieg nicht zu schießen, während Sie reiten.

Dieses Basrelief des späten 14. Jahrhunderts zeigt einen italienischen Ritter mit hochgeklapptem Visier. Beachten Sie seine Reitweise mit durchgestrecktem Bein. Er hält die Zügel in der Linken, was ihm die rechte Hand für das Schwert freilässt.

Kastilien so viele gute Reittiere; er ritt sie und bildete sie nach seinem Belieben aus, manche für den Kampf, manche für Vorführungen und andere zum Tjost."

Jagd

Die Jagd bietet viele ausgezeichnete Trainingsmöglichkeiten für den Krieg, außerdem ist sie die wichtigste Freizeitbeschäftigung der oberen Stände. Geoffroi de Charny schreibt: „Es ziemt allen Männern von hoher Geburt, den Jagdsport mit Falke und Hund zu pflegen." Beim Jagen lernen Sie beispielsweise:
- mit einem Pferd umzugehen,
- einen Hirsch zu zerlegen und die Stücke gemäß den Regeln zu verteilen,
- einen Eber oder Hirsch mit dem Speer zu erlegen, was Ihnen helfen wird, wenn Sie einen Menschen zu töten haben,
- Bogen und Armbrust zu benutzen. Beides sind keine Waffen, die ein Ritter häufig im Krieg gebraucht, nützlich ist es aber doch, sich etwas mit ihnen auszukennen.

Falls Sie kein Jäger sind, lässt es sich kaum vorstellen, wie Sie die Achtung Ihrer Waffenbrüder gewinnen sollen. Der unglückselige Edward II. von England hatte fürs Jagen keinen Sinn, sondern widmete sich lieber ordinären Tätigkeiten wie dem Sichherumtreiben mit Kerlen niederer Herkunft. Kein Wunder, dass so ein Mann im Krieg völlig erfolglos war, schließlich seinen Thron und am Ende auch sein Leben verlor.

Lesen und Schreiben

Zur Schule geschickt wird man selten, aber trotzdem sollte ein Ritter lesen und schreiben können. Im Krieg geht es nicht nur darum, selbstbewusst in eine Schlacht zu reiten. Wir leben in bürokratischen Zeiten.

Nützliche Lektüre

Diese Bücher sollte jeder Ritter kennen:
- Das Standardwerk zur Kriegskunst, *De re militari* vom römischen Schriftsteller Vegetius, vielleicht in der französischen Übersetzung von Christine de Pizan. Allerdings muss man mit seinem Training nicht so weit gehen, wie Vegetius es empfiehlt. Unter anderem schlägt er vor, dass junge Männer schwimmen lernen sollen, aber ein Ritter hat das sicher nicht besonders nötig.
- Geoffroi de Charnys *Buch vom Rittertum*.
- Das *Buch vom Ritterstand* des katalanischen Universalgelehrten Ramón Llull (Raimundus Lullus), das ein ähnliches Themengebiet wie de Charny abdeckt und die Tugenden aufzählt, die ein idealer Ritter besitzen sollte.
- Auch wenn man die ohnehin etwas ungefügen lateinischen Verse nicht zu lesen versteht, ist das *Bellifortis* (der „Kampfstarke") genannte Buch des Eichstätters Konrad Kyeser für den angehenden Ritter ein wahrer Genuss: Hier können Sie in 220 Bildern alles über zeitgemäße Kriegführung lernen: Vom Erklimmen der Burgmauer bis hin zum Unterwasserkampf. Außerdem enthält das Buch zahlreiche nützliche zivile Erfindungen: einen Aufzug mit Windantrieb, Taucheranzüge und Schneeschuhe, sogar einen Keuschheitsgürtel für die daheimgebliebene Ehefrau und ein Entmannungsgerät für mögliche Nebenbuhler.
- Gerade [1415] abgeschlossen hat sein Werk der Eisenacher Schulmeister Johannes Rothe. Sein *Ritterspiegel* verbietet allerdings fast alles, was Spaß macht und Geld einbringt. Moralisch gesehen mag er Recht behalten, praktisch kommt man aber mit diesem Buch nicht sehr weit.

Es gibt Truppenlisten zu führen, fürstliche Handschreiben zu lesen und zu befolgen, Verträge und Vereinbarungen zu schließen. Natürlich hat man dafür Schreiber, aber es ist wichtig, dass Sie ihnen über die Schulter sehen können. Es überrascht Sie vielleicht, dass Ritter gebildet sein sollen, aber der Engländer Thomas Gray hat sogar ein Geschichtsbuch geschrieben, die *Scalacronica*, und Henry, Herzog von Lancaster, verfasste einen frommen Traktat, das *Book of Holy Medicine*. Sie könnten mit Vorlesen sogar Ihre Gefährten auf einem Feldzug aufmuntern, wie es der König von Schottland, Robert the Bruce, mit dem Roman über Fierabras gemacht haben soll, den sagenhafte 4,5 Meter großen Sohn des Königs von Spanien, „der ehrenvoll besiegt wurde durch den gar wackeren Olivier".

Ins Feld

Das letzte Ausbildungsstadium ist das Sammeln von Kriegserfahrung. Kinder werden manchmal schon sehr früh mit ins Feld genommen. So schreibt Oswald von Wolkenstein: „Als ich zehn Jahre alt war, fügte es sich, dass ich sehen wollte, wie die Welt beschaffen wär. Drei Pfennig in dem Beutel und ein Stücklein Brot, das war meine Wegzehrung von daheim, als ich loszog in Kampf und Not." Edward III. war erst 14, als er seine Truppen 1327 in den Weardale-Feldzug gegen die Schotten führte. John of Gaunt war 1350 mit seinen zehn Jahren zwar viel zu jung, um Waffen zu tragen, begleitete aber seinen Bruder, den Schwarzen Prinzen, trotzdem in die Seeschlacht von Les Espagnols sur Mer. Und unser Gewährsmann Boucicaut war zwölf, als er bei Kämpfen in der Normandie 1378 gefangengenommen wurde. Das war außergewöhnlich jung, und es überrascht nicht, dass man bei seiner Rückkehr spottete: „Seht mal, Herr, da kommt ein tüchtiger Recke! Los, zurück in die Schule!"

Üblicherweise aber sammeln junge Männer ihre Eindrücke bei Feldzügen und tragen das erste Mal Waffen, wenn sie an Jahren auf die 20 zugehen.

Der schick angezogene Knappe aus einer Handschrift von Geoffrey Chaucers *Canterbury Tales*. Er erzählt dort eine romantische Geschichte, die in fernen Ländern spielt, bringt sie aber nie zu Ende.

Der Knappe

Wenn Sie im Waffengebrauch ausgebildet sind, werden Sie normalerweise nicht direkt Ritter. Erst einmal sind Sie Knappe, vielleicht so einer, wie ihn der Dichter Geoffrey Chaucer in den *Canterbury Tales* beschreibt. Chaucers Knappe, Sohn eines Ritters, war gut 20 Jahre alt und hatte schon in Frankreich mitgekämpft. Er war modisch gekleidet, konnte gut reiten und tjostieren. Er besaß höfische Umgangsformen; er konnte singen, tanzen, zeichnen und schreiben. Dem – häufig verliebten – jungen Mann war ein baldiger Ritterschlag sicher.

Knappen haben etwa die gleiche Kriegsausrüstung wie Ritter, aber man erwartet von ihnen keine so teure Rüstung oder erstklassige Pferde. Manche dienen viele Jahre als Knappen, ehe sie zu Rittern geschlagen werden. Philip Chetwynd beispielsweise wurde 1316 mündig und dachte 1319, als er in die Dienste von Ralph, Lord Basset of Drayton, trat, ans Ritterwerden, aber das tat er in Wirklichkeit erst 1339. Tatsächlich gibt es eine wachsende Zahl von Knappen, die den letzten Schritt zum Rittertum überhaupt nie unternehmen.

Was für Sie rausspringt

Die Ausbildung ist hart, aber notwendig. Wenn Sie später Ritter werden, gibt es keine Prüfung in all den Fähigkeiten, die Sie im Waffengebrauch erworben haben; man setzt voraus, dass Sie alles Nötige schon mitbringen. Sie werden außerdem merken, dass Sie auf Feldzügen keine Weiterbildung erhalten; Ihre Vorgesetzten werden davon ausgehen, dass Sie schon kompetent und fähig genug sind. Nach Abschluss Ihrer Vorbereitungszeit sollten Sie Folgendes mitbringen:
- körperliche Härte,
- reichlich Pferdeverstand,
- Erfahrung im Einsatz von Lanze und Schwert,
- hoffähige Manieren.

Dann sind Sie bereit, Mitglied einer Kriegerelite von höchster Qualität zu werden, und können sich Hoffnungen machen, am Ende ein berühmter Kämpe zu sein, ein wahrhaft erprobter Mann. Oder wie es der Chronist Froissart ausdrückte: „Wie Holz ohne Feuer nicht brennen kann, so kann auch ein Edelmann weder vollkommene Ehre noch weltlichen Ruhm ohne kühne Bewährung erreichen."

Hätten Sie's gewusst?

- Kinder aus der Aristokratie werden normalerweise von Ammen gestillt und mit drei Jahren entwöhnt.

- Die Kinder von heute sind nicht mehr, was sie mal waren – die nach der Pest von 1348 Geborenen sollen nur 20 bis 22 Zähne haben statt wie früher 32.

- Ballspiele sind laut Geoffroi de Charny etwas für Frauen, nicht für Männer.

- Bei der Jagd sollte der beste Jäger die linke Schulter von jedem Stück Rotwild erhalten; die rechte geht an den Förster.

III Wie man Ritter wird

Der Ritterstand ist erhabener und edler, als sich die Vorstellungskraft ausmalen kann, und kein Ritter sollte zulassen, dass er sich durch Feigheit oder eine gemeine oder falsche Tat entehrt, sondern wenn sein Helm auf seinem Kopf sitzt, sollte er kühn und grimmig sein wie ein Löwe, sobald er die Beute sieht.

<small>König João von Portugal, als er am Abend vor der Schlacht von Aljubarrota neue Ritter schlug (1385)</small>

Zum Ritter geschlagen zu werden, ist ein großer Schritt. Die Zeremonie selbst bildet einen wichtigen Übergangsritus, den man ernst nehmen sollte. Sie übernehmen damit neue Verpflichtungen und unterstellen sich den Regeln des ritterlichen Ehrenkodex.

Wer kann Ritter werden?

Das Rittertum liegt in der Familie. Falls Ihr Vater ein Ritter war, sollten auch Sie imstande sein, einer zu werden. In Frankreich ist es äußerst schwierig, Ritter zu werden, wenn Sie keine adligen Vorfahren nachweisen können. Überhaupt muss jeder, der mit Schild und Lanze zu Pferde kämpft, die richtige Herkunft haben; gute Abstammung überträgt einem die richtigen Fähigkeiten und Tugenden. Man muss außerdem in der Lage sein, ohne irgendwelche körperliche Arbeit sein Auskommen zu finden. Es ist zwar theoretisch möglich, durch spezielle *lettres d'ennoblissement* vom König geadelt zu werden, aber so etwas wird nur sehr selten ausgestellt. Gleichwohl kommt es in Ausnahmefällen vor, dass man auch in Frankreich mit relativ bescheidener Herkunft den Aufstieg schafft, denn ein besonders tapferes Verhalten auf dem Schlachtfeld adelt einen Mann automatisch. Bertrand du Guesclin kam aus einer Familie des kleinsten bretonischen Adels; seine militärische Tüchtigkeit brachte ihn bis zum Konnetabel von Frankreich. Er erwarb sogar einen Herzogstitel in Spanien und bekam das Königreich Granada angetragen. Boucicauts Vater stammte aus einer glanzlosen Familie in der Touraine, stieg aber im Hofdienst auf, weil er Geschick in Diplomatie und Krieg bewies. 1356 wurde er zum Marschall von Frankreich ernannt. In Spanien ähneln die Verhältnisse denen in Frankreich. Für Pero Niño, einen kastilischen Ritter, war die Abstammung überaus wichtig; er führte sich väterlicherseits auf das französische Königshaus zurück und mütterlicherseits auf eines der großen Adelshäuser Kastiliens.

Die Lage in England sollte theoretisch weitaus einfacher sein, weil man von jedem, der Land im Wert von über 40 Pfund Jahreseinkünften besitzt, sowieso erwartet, dass er Ritter wird. Regelmäßig werden Verordnungen erlassen, die eine Geldbuße androhen, falls das unterbleibt. Insofern ist es für Männer von niedriger oder zweifelhafter Herkunft leichter als in Frankreich, zum Ritterstatus aufzusteigen, obwohl Sie keinen Ritter in einem Handelsberuf finden werden, wo man Lehrlinge annimmt.

Einige Beispiele von Männern, die sich aus einfachen Verhältnissen hochgearbeitet haben:
- James Audley, in jeder Hinsicht ein Held, war unehelich geboren.
- Robert Knollys stammt von freien Bauern aus Cheshire ab.
- John Hawkwood kam aus Essex; sein Vater war ein Gerber, der etwas Land besaß. Der Klatsch will wissen, dass John als Junge einen Lehrvertrag mit einem Londoner Schneider hatte.
- Robert Salle, der beim Bauernaufstand von 1382 getötet wurde, soll ironischerweise selbst als *villein*, als unfreier Bauer, geboren worden sein.

In deutschen Landen gibt es Ritterfamilien, deren ferne Anfänge unfrei waren. Ministeriale waren einmal Amtsträger, die Kaiser und Fürsten dienten und während des 11. und 12. Jahrhunderts sehr weit in der Gesellschaft aufstiegen, und das, obwohl sie keine Freien waren. Im 14. Jahrhundert waren die Ursprünge der Ministerialen vergessen und alle Ritter galten als erblicher Adel.

Soziale Aufsteiger sind im Heiligen Römischen Reich trotzdem mit Sicherheit ungern gesehen, wie Sie einem Gedicht des 13. Jahrhunderts über Helmbrecht entnehmen können, einen Bauernjungen, der Raubritter wurde. Er brachte seine Schwester dazu, ein Mitglied seiner Bande zu heiraten, doch auf dem Hochzeitsfest wurden sie überrascht und gefangengenommen. Helmbrechts Gefolgsleute hängte man auf; er selbst wurde verstümmelt und einige Zeit später selbst gehängt, und zwar von jenen Bauern, die er heimgesucht hatte. Diesen Lehren zum Trotz behauptet der Schulmeister Johannes Rothe noch um 1415, allein durch tugendhaftes Verhalten könnten aus leibeigenen Bauern innerhalb weniger Generationen Fürsten und Könige hervorgehen. Einfach lächerlich!

In Italien liegen die Dinge etwas anders, denn hier bestimmen die großen Städte das Bild. Infolgedessen sind viele Ritter Stadtbewohner, im Unterschied zum übrigen Europa, wo man sie eher auf ihren Landsitzen findet. Mancherorts hat man die Ritterwürde im 12. und 13. Jahrhundert ein wenig zu wahllos ausgeteilt, an Männer ohne wahrhaft edle Abstammung, und Reichtum als Kaufmann ließ sich in Ansehen als Ritter und Adliger überführen.

Heutzutage allerdings wird dieser Status eifersüchtig gehütet, wahres Rittertum jedoch bleibt jenen vorbehalten, die vornehme Herkunft und eine ritterliche Lebensführung verbinden. Für die Vorstellung, Kaufleute könnten Ritter werden, hatte der Florentiner Dichter Franco Sacchetti allenfalls Spott übrig: „Wenn diese Art Rittertum zählen soll, kann man auch einen Ochsen oder Esel zum Ritter schlagen – oder jedes beliebige Vieh."

Eine kleine Elite

Ritter sein ist eine kostspielige Beschäftigung, und viele Familien, die einst ritterliches Ansehen genossen, können sich die Ausgaben des Ritterstandes jetzt nicht mehr leisten. In England, wo es Anfang des 13. Jahrhunderts vielleicht 4000 Ritter gab, wenn nicht noch mehr, ist die Zahl während der folgenden hundert Jahre unter die Hälfte dessen gesunken. In der Reiterei Englands wie Frankreichs bilden die Ritter die ausgesprochene Elite.

Die Zahl aktiver Ritter lag in Frankreich Mitte des 14. Jahrhunderts vielleicht unter 3700. Dort sind weniger als 12 % der Kavallerie Ritter; über 87 % sind Knappen oder einfache Waffenknechte.

In England war der Ritteranteil wohl höher; in der Streitmacht des Schwarzen Prinzen während des Frankreichfeldzuges von 1359 zählte fast ein Viertel zum Ritterstand. Danach gingen die Zahlen zurück, und zur Zeit der Schlacht bei Agincourt waren nur etwa 8 % der Kavallerie Ritter.

Bei dem seit 1414 in Konstanz tagenden Konzil sind nach zuverlässiger Schätzung nur 1500 Ritter aus deutschen Landen, dafür aber 20 000 Edelknechte anwesend.

Immer öfter geben sich die Leute mit dem Status eines Knappen oder Edelknechts zufrieden, der immer förmlichere Züge annimmt und dabei ist, sich zu einem eigenen Adelstitel zu entwickeln. Beispielsweise können Knappen ein Wappen führen. Dezidiert erklärt ein Edelknecht um 1300 in einem Gedicht einem etwas übermotivierten ritterlichen Gesprächspartner:

> Nun, lass dir ruhig Ritters Namen verleihen! Das wird dich sehr viel Geld kosten. Du sollst damit genug sein lassen, dass wir Knappen es besser haben als die ernannten Ritter. Sie müssen sich der Dinge schämen, die uns nicht zur Schande gereichen.

Dem ist allerdings nicht zuzustimmen! Obwohl die Knappen es nun in der Welt weiterbringen, besteht kein Zweifel, dass die Ritter gesellschaftlich wie im Krieg die wahre Elite sind, und das Rittertum sollte unbedingt Ihr Ziel sein.

Das richtige Aussehen

Wahrscheinlich hilft es, wenn man Ihnen den Ritter schon ansieht. Boucicaut war zwar nicht groß, sah aber gut aus und hatte laut seinem Biographen einen prächtig gebauten Körper. Seine Brust war breit, seine Schultern abfallend und gut geformt. Seine Arme und Beine hatten Idealmaße. Er hatte braune Haare und einen braunen Bart; sein Blick war selbstsicher.

Aber falls Sie solch einer schmeichelnden Beschreibung nicht ganz entsprechen, sollten Sie sich nicht zu viele Sorgen machen. Schönheit liegt bekanntlich in den Augen des Betrachters! So behauptete ein Ritter aus der Gascogne über denselben Boucicaut, er sei viel zu schmächtig,

Bertrand du Guesclin

Von Geburt Bretone aus dem Kleinadel, wurde du Guesclin 1354 zum Ritter geschlagen. Er zeichnete sich 1356/57 als Verteidiger des belagerten Rennes aus, wurde aber 1364 bei Auray besiegt; später kämpfte er in Spanien und unterlag 1367 bei Nájera. Du Guesclin entwickelte Taktiken, um den Engländern beizukommen, und seine Haupterfolge stellten sich nach dem erneuten Ausbruch der Feindseligkeiten zwischen England und Frankreich von 1369 ein, als er viele Gebiete für den französischen König zurückeroberte. 1370 wurde er zum Konnetabel von Frankreich ernannt und starb 1380.

um ein tapferer Mann zu sein (keine Frage, dass die Lanze des derart Geschmähten diesen Angeber eines Besseren belehrte!). Bertrand du Guesclin war äußerlich ganz eindeutig kein idealer Ritter. Er war klein, eher der dunkle Typ und hässlich, aber seine Taten waren bemerkenswert. Der stattliche Tiroler Oswald von Wolkenstein musste gar erleben, dass ihm sein überlanger Pilgerbart, den er sich anlässlich einer Jerusalemfahrt hatte stehen lassen, in der Heimat zum Verhängnis wurde. In einem schwäbischen Freudenhaus wurde er gefragt, ob er wohl ein Geißbock wäre. „Hätte dort noch mehr erreicht, wär mein Bart zu Hause geblieben", so das Resümee des fahrenden Ritters.

Wenn Sie zu dick sind oder an einer Körperbehinderung oder Missbildung leiden, können Sie laut dem Theoretiker Ramón Llull kein Ritter werden. Jedenfalls können Sie einen Geburtsfehler mit Sicherheit als Vorwand nehmen, sofern Sie einen Aufstieg nicht wollen. 1346 wurde John von Bella Aqua sein Ungehorsam gegen die Weisung König Edwards III. von England verziehen, er solle Ritter werden, weil er einen deformierten rechten Fuß hatte.

Die Zeremonie des Ritterschlags

Als Aspirant auf das Rittertum sind Sie vermutlich eine Zeit lang Knappe gewesen und haben wertvolle Erfahrungen gesammelt. Ein bestimmtes Alter, zu dem Sie Ritter werden sollten, gibt es nicht; das hängt von Ihren eigenen Wünschen ab und von der Frage, ob Sie sich die damit verbundenen Kosten leisten können. Ritter zu werden, bedeutet vor allem, dass Sie die Verpflichtungen auf sich nehmen, die die Ritterehre mit sich bringt: Sie sollen Waffen für eine gerechte Sache tragen, für die Kirche, Ihren Herrn oder Ihre Familie kämpfen. Geoffroi de Charny erklärte:

> Und was jene betrifft, die Waffentaten eher vollbringen, um Gottes Gnade und die Erlösung ihrer Seele zu erringen als um des Ruhmes in dieser Welt willen, so werden ihre edlen Seelen in alle Ewigkeit im Paradies weilen.

34 WIE MAN RITTER WIRD

Die Verleihung des Rittergurts, die diese Handschrift aus dem frühen 14. Jahrhundert zeigt, ist ein entscheidender Moment der Zeremonie. Tatsächlich ist die symbolische Bedeutung des Gürtels wichtiger als die des Schwertes.

In seinem Buch beschreibt de Charny die klassische Zeremonie des Ritterschlags, die Schwertleite, in voller Länge. Sie beginnt mit der Beichte, in der Sie all Ihre Sünden bekennen und bereuen.

1. Am Tag vor dem eigentlichen Ritterschlag nehmen Sie ein Bad und bleiben lange drin; wahrscheinlich baden Sie sonst nicht oft und finden den Vorgang leicht abstoßend, aber er ist notwendig. Dahinter steht nicht der Gedanke, dass Sie körperlich sauber werden sollen, obwohl das ein unbeabsichtigter Nebeneffekt sein kann. Das Bad ist vielmehr symbolisch; in ihm werden Sie von Ihren Sünden rein und waschen alles Unreine aus Ihrem bisherigen Leben ab.

2. Als neuer Mann steigen Sie aus dem Wasser und müssen sich dann auf ein neues Bett mit reinem Bettuch zur Ruhe legen; alles soll so

sein, als kämen Sie aus einem großen Kampf gegen Sünde und Teufel.
3. Wenn Sie aufstehen, kommen mehrere Ritter und helfen Ihnen, sich für die Zeremonie zu kleiden. Ein roter Rock symbolisiert Ihre Bereitschaft, zur Verteidigung des Glaubens Ihr Blut zu vergießen, und schwarze Strümpfe erinnern Sie an Ihre Sterblichkeit. Ein weißer Gürtel steht für Reinheit und Keuschheit, und einen roten Mantel tragen Sie zum Zeichen der Demut. Dann begeben Sie sich für eine lange Nachtwache im Gebet in die Kirche.
4. Der eigentlichen Zeremonie am nächsten Tag geht eine Messe voraus.
5. Ritter schnallen Ihnen vergoldete Sporen an die Stiefel.
6. Sie erhalten den Gürtel, der ein wichtiges Zeichen Ihrer Ritterwürde ist.
7. Dann überreicht Ihnen derjenige, der Ihnen die Ehre des Ritterstandes verleihen soll, ein Schwert, küsst Sie und klopft Ihnen leicht auf die Schulter.

Zur Zeremonie gehören feierliche Riten und Symbole in großer Menge, aber allen religiösen Elementen zum Trotz wird die Verleihung der Ritterwürde in Wirklichkeit nicht von der Kirche vorgenommen wie eine Königskrönung. Das Rittertum ist ein weltlicher Rang und soll von Männern verliehen werden, die sich selbst als Ritter hervorgetan haben.

Ritterschlagszeremonien können sehr große Ausmaße annehmen. 1306 wurden in England zusammen mit dem Sohn des Königs, dem angehenden Edward II., an die 300 Männer zu Rittern geschlagen. Alle frischgebackenen Ritter bekamen Tuch für ihre Umhänge, dazu eine Matratze und eine Bettdecke. Die Einzelheiten überliefert eine Quittung:

> Ich, William Beler, habe erhalten von Herrn Thomas von Usflete, Schreiber der Kleiderkammer des Königs, zugunsten von Henry le Vavasseur, um ihn zu einem neuen Ritter zu machen, auf Anweisung des Königs unter Sekretsiegel wie

folgt: für seine *cointesia* 6 Ellen Stoff aus Tarsus und eine *pena* Fehpelz (Eichhörnchen) zu 8 Reihen. Für seinen Umhang während der Vigil 4 Ellen braunen gemischten Stoff. Für seine zwei Gewänder 10 ½ Ellen grünen und 10 ½ Ellen himmelblauen Stoff, 2 Pelze und 2 Eichhörnchenpelze, jeder zu 6 Reihen, und 2 Kapuzen aus Marderpelz zu 4 Reihen. Item für sein Bett, das heißt für seine Decke 2 Maß Goldstoff in Meseneaux und ein Stück Kammgarnzeug zu 24 Ellen, und für sein Bettlinnen 10 Ellen.

Für einige der 300 angehenden Ritter fand die Nachtwache in Westminster Abbey statt, aber der Moment wurde nicht so feierlich, wie er hätte werden sollen. Die große Kirche war von einer ausgelassenen Menge umringt, und es gab ungeheuren Lärm samt Geschrei und Trompetenspiel. Manche Ritter in spe wichen auf andere Kirchen wie Temple Church aus, aber nur, um sie ihrerseits überfüllt zu finden. Der Festakt selbst wurde in der Abteikirche zur Katastrophe, denn beim Hochaltar wurden zwei Ritter erdrückt und andere fielen im Gedränge in Ohnmacht, als sie für den Ritterschlag nach vorn zu kommen suchten. Trotz dieser Tragödie gab es zur Feier des Tages ein großes Festmahl. Den Blickfang unter den Gerichten bildeten zwei vergoldete Schwäne, auf welche die neuen Ritter eine Anzahl Eide schworen. An die hundert Spielleute sorgten für die Unterhaltung.

Unter den deutschen Rittern genießen gemeinhin jene die höchste Ehre, die vom Kaiser auf der Tiberbrücke den Ritterschlag erhalten, gefolgt von den in Aachen anlässlich der Königskrönung promovierten und den „Jerusalemrittern", die im Heiligen Land zu Rittern geschlagen wurden.

Ritterschlag vor der Schlacht

Verzweifeln Sie nicht, falls Ihnen der ausgefeilte Initiationsritus für das Rittertum abschreckend vorkommt; es gibt leichtere Wege, an diese Ehre zu kommen. Es ist üblich, dass Heerführer am Tag vor einer

Schlacht einige ihrer Gefolgsleute zu Rittern machen, und das geschieht mittels einer ganz schlichten Zeremonie, die nicht mehr erfordert als einen Schwur und einen Klaps auf die Schulter. Edward III. schlug den Schwarzen Prinzen und einige andere zu Rittern, als die Engländer 1346 gerade in der Normandie landen wollten. Viele aus der englischen Armee wurden 1367 in Spanien zu Rittern geschlagen, als eine Schlacht bevorstand.

Der Kölner Söldnerführer Haneken Bongard ließ sich 1364 kurz vor Gefechtsbeginn den Ritterschlag erteilen, nachdem er bereits über 15 Jahre auf dem italienischen Kriegsschauplatz gekämpft hatte. Den jungen Boucicaut schlug der Herzog von Bourbon unmittelbar vor der Schlacht von Roosebeke 1382 zum Ritter.

Nicht immer geht bei diesen Ritterweihen vor der Schlacht alles glatt. Es gab einige peinliche Momente, als sich das englische und das französische Heer 1339 bei Buirenfosse gegenüberstanden. Zum Gefecht kam es nicht, weil keine Seite von ihren Erfolgsaussichten in der Schlacht überzeugt war. Doch die Armeen standen in voller Kampfbereitschaft, und es begann ein langes, quälendes Warten, ob es auf irgendeinen Zusammenstoß hinauslaufen werde. Da rannte ein Hase über die Felder zwischen den zwei Heeren; beide Seiten brüllten und johlten, als sie ihn sahen. Einige jedoch hielten das Geschrei für den Beginn der Schlacht und schlugen ihre Gefolgsleute zu Rittern; die armen Kerle waren für den Rest ihres Lebens als die Hasenritter bekannt.

Das Wappen

Wappen sind überaus wichtig. Sie sind nicht nur ein Erkennungszeichen, sie vermitteln auch Botschaften über die Herkunft eines Mannes und seine sozialen Verbindungen. Dass Sie ein funkelnagelneues Wappen erwerben müssen, ist unwahrscheinlich, denn Ihr Vater wird fast sicher schon eins haben. Sie brauchen seines einfach nur mithilfe eines als Leiste bekannten waagrechten Streifens leicht abzuwandeln.

Geben Sie gut acht, dass Sie nicht das gleiche Wappen wie ein anderer führen. Im Jahr 1300 löste es nichts Schlimmeres als Verwunde-

Diese Wappenrolle von ca. 1280 zeigt die Wappen von beinahe 700 Rittern. Herolde stellen solche Rollen zusammen, um ein Register der Muster und Symbole zu haben, die Ritter zu ihrer Identifikation verwenden, und so peinliche bis gefährliche Verwechslungen auszuschließen.

rung aus, als sich herausstellte, dass Brian FitzAlan und Hugh Poinz das gleiche Banner trugen, aber seitdem sind solche Probleme eine weitaus ernstere Sache geworden.

Vor der Schlacht bei Poitiers traf John Chandos 1356 auf einen französischen Marschall, Jean de Clermont. Beide führten im Schild eine Dame in Blau mit einem Sonnenstrahl. Kommentar Clermonts: „Nie denkt ihr euch selbst etwas Neues aus, sondern wenn ihr etwas Gutes seht, nehmt ihr es euch einfach."

Geschickt aus der Affäre zog sich ein Italiener, dem unversehens ein hünenhafter deutscher Ritter in den Weg trat und ihn wutschnaubend des Plagiats bezichtigte. „Was stellt deine Helmzier denn dar?", fragte er ihn harmlos. Als der Deutsche erklärte: „einen Hengst", deklarierte er die seine schlagfertig als „eine Stute".

Glück hatten die niederadeligen Herren von Merode bei Düren. Weil sie offenbar zufällig dasselbe Wappen wie die Könige von Aragon führten (in Gold vier rote Pfähle), wurden sie von diesen als verlorene Cousins anerkannt und mit Ehrungen, Geschenken und Titeln überhäuft.

Also: Stellen Sie besser sicher, dass Ihr eigenes Wappen wirklich einmalig ist. Falls Sie imstande sind, Ihr Wappen frei zu wählen, können Sie eine Anspielung auf Ihren Namen einbauen; zum Beispiel hatte Hugh Calveley drei Kälber auf seinem Schild, während Robert de Scales als Zeichen silberne Muscheln benutzte.

Die Welt des Rittertums

Sie kennen sich mit den Grundlagen des Rittertums sicher schon aus, bevor Sie Ritter werden; in seinem Buch setzt Geoffroi de Charny bei Waffenknechten und Rittern dieselben Wertmaßstäbe voraus. Dennoch darf man den Vorgang des Ritterschlags als Markierung für Ihren förmlichen Übergang in die Welt des Ritters betrachten. Die Ritterideale sind:

- *milte* oder Freigebigkeit,
- *manheit* oder Tapferkeit,
- *hövescheid* oder feine Manieren,
- *triuwe* oder Treue.

Wie Chandos' Herold über den Schwarzen Prinzen schrieb:

> Der edle Prinz, von dem ich spreche, dachte niemals, seit dem Tag seiner Geburt, an irgendetwas außer Treue, edlen Taten, Kühnheit und Güte und war mit Tapferkeit reich versehen.

Diese Ideale sind nicht neu; sie reichen mindestens bis ins 12. Jahrhundert zurück, und ihnen liegt eine Mischung aus Christentum und Kriegerethos zugrunde. Das Rittertum ist keine Richtschnur für jedermann; es ist exklusiv, beschränkt auf Leute mit dem richtigen Sozialstatus. Bauern und Städter haben wenig Sinn dafür, also dürfen Sie sie behandeln, wie es Ihnen passt.

Das Rittertum ist ein internationaler Ehrenkodex; Ritter in der ganzen Christenheit haben seine Werte gemeinsam. Sagenhafte Geschichten, die in ganz Europa geläufig sind, bilden einen Teil seines kulturellen Hintergrundes. Sie werden feststellen, dass Italiener durchaus so bewandert wie Engländer sind, wenn es um König Artus und seine Ritter geht. Zwar leben wir in einer Zeit wachsender Nationalgefühle, aber die können hinter der Treue zur internationalen ritterlichen Gemeinschaftswelt zurücktreten. Sie merken sicher rasch, dass Ritter füreinander viel Respekt aufbringen, selbst wenn sie im Krieg auf verfeindeten Seiten stehen.

Der weitere Aufstieg

Wenn Sie Ritter geworden sind, können Sie weiter in den Rang eines Bannerherrn befördert werden. Das heißt, Sie tragen dann ein quadratisches oder rechteckiges Banner anstatt eines langen Wimpels als Fahne und kommandieren im Krieg eine viel größere Truppe, als Sie

Der Schwarze Prinz

Dieser älteste Sohn Edwards III. von England zeichnete sich 1346 bei Crécy aus, führte 1355 einen Streifzug von der Gascogne bis ans Mittelmeer und siegte 1356 bei Poitiers. Später führten seine Feldzüge ihn nach Spanien, wo er 1367 die Schlacht bei Nájera gewann. Seine Plünderung von Limoges 1370 verlief brutal und wurde rasch berüchtigt. Einige Jahre später streckte ihn eine Krankheit nieder und er starb 1376, ein Jahr vor seinem Vater.

es als einfacher Ritter täten. Es handelt sich um eine rein militärische Beförderung; an Ihrem sozialen Rang ändert es nichts, ob Sie ein Bannerherr sind. Auch das ganze Gerede von wegen Ehre und Kühnheit, das damit verbunden ist, Ritter zu werden, hängt nicht daran.

Froissart überliefert die Geschichte, wie John Chandos befördert wurde. Vor der Schlacht bei Nájera 1367 überreichte John sein Banner dem Schwarzen Prinzen mit den Worten, dass er jetzt genug Land besitze, um seine Beförderung zu rechtfertigen. Prompt schnitt der Prinz das Ende des Banners ab, sodass es quadratisch wurde, und gab es John zurück. Der Vorgang selbst war ganz schlicht, aber um sich die Beförderung zu verdienen, hatte John sich nicht nur in der Schlacht ausgezeichnet, sondern auch dargelegt, dass er über den Reichtum verfügte, seine neue Stellung zu behalten. Deshalb sollten Sie nicht erwarten, allzu schnell Bannerherr zu werden.

Zwei hohe militärische Ämter gibt es, die Sie anstreben können, nämlich Marschall und Konnetabel. Es ist nützlich, wenn sie schon in Ihrer Familie vertreten waren. Boucicaut wurde zum Marschall befördert, und einer der Gründe dafür war die Tatsache, dass sein Vater den Posten bekleidet hatte. Bertrand du Guesclins Ernennung zum Konnetabel geschah dagegen allein aufgrund seiner Verdienste.

Marschall und Konnetabel sind keine bloßen Ehrentitel. Die beiden Marschälle und der Konnetabel von Frankreich leiten eigene Gerichtshöfe; insbesondere die Marschälle erheben Anspruch auf umfassende Kompetenzen in Militärangelegenheiten. Mit den Ämtern sind Vorrechte verbunden; zum Beispiel hat der Konnetabel Anspruch auf alle Pferde und ihr Geschirr, die bei der Eroberung einer Burg oder Festung erbeutet werden. Im Reich sind diese Ämter erblich, den Reichserbmarschall stellen etwa die Herren von Pappenheim. Sie sind unter anderem für die Kloakenreinigung auf Reichstagen zuständig, daher besitzt der Spruch „Ich kenne meine Pappenheimer" mittlerweile eine leicht „anrüchige" Note!

Worauf Sie aus sein sollten

Sie müssen alle Rittertugenden im Auge haben, doch werden Sie feststellen, dass diese sich nicht immer mit der Wirklichkeit decken, mit der Sie es zu tun haben. Üben Sie auf jeden Fall *milte* und seien Sie großzügig, aber denken Sie daran, Sie brauchen Geld, um Ihren Rang zu behalten. Zeigen Sie höfische Umgangsformen und Großmut, aber beweisen Sie auch, dass Sie hart und zu allem fähig sind, wenn es darauf ankommt.

Vor allem werden Sie erkennen, dass Ihr Ruf vom Beweis Ihrer Tapferkeit abhängt. Zeigen Sie, dass Sie kühn, mutig und geschickt im Umgang mit Waffen sind; das ist das Zeichen eines echten Ritters.

Hätten Sie's gewusst?

- 5000 Aale, 287 Kabeljaue, 136 Hechte und 102 Lachse zählten zu den Vorräten, die 1306 für das Fest angehäuft wurden, in dessen Verlauf der spätere Edward II. zum Ritter geschlagen wurde.

- Man sagt, der Earl von Gloucester sei 1314 bei Bannockburn getötet worden, weil er sein Wappen nicht trug und deshalb nicht zu erkennen war. Umgekehrt erging es König Adolf von Nassau 1298 – er war ein nur allzu leichtes Ziel.

- John Hawkwood war ein Ritter, doch ist unbekannt, wo oder wann er zum Ritter geschlagen wurde.

- Geoffroi de Charny schlug vor, man möge jedem Ritter, der es versäumt, sich einen Namen zu machen, die Zähne ausreißen, und zwar einen nach dem anderen.

- 467 neue Ritter wurden 1382 unmittelbar vor der Schlacht bei Roosebeke gemacht.

- Könige hatten, wenn ihr ältester Sohn zum Ritter wurde, das Recht, eine Steuer von ihren Untertanen zu erheben, und Grundherren das Recht auf eine Geldabgabe ihrer Hintersassen.

IV Rüstung, Waffen und Pferde

> Ihre Rüstungen waren fast durchweg Harnische mit einem stählernen Brustpanzer, eisernem Arm und Beinzeug; sie führten kurze, kräftige Dolche und Schwerter; alle hatten Stoßlanzen und saßen ab, um sie zu benutzen.
>
> FILIPPO VILLANI, *Chronik* (1364)

Es ist unerlässlich, geeignete Schutzkleidung zu haben für den Kampf bei Schlachten und Belagerungen, aber auch für Turniere. Mit nur einer Ausrüstung für alle Zwecke kommen Sie nicht aus; der Spezialisierungsprozess bei den Rüstungen schreitet stetig voran. Sie würden sich in Ihren Möglichkeiten bedrohlich eingeschränkt finden, wenn Sie eine Turnierrüstung im Gefecht tragen wollten. Sie brauchen zusätzlich ein gewisses Spektrum an Waffen, von denen Lanze und Schwert die wichtigsten sind. Ein guter Ritter braucht außerdem gute Pferde; tatsächlich wird Ihr Streitross der größte Kostenfaktor für Sie sein.

Kettenhemd, Lederrüstung, Plattenpanzer

Während des vergangenen Jahrhunderts hat die Rüstungstechnik sich stark verändert. Das altmodische Kettenhemd ist zugunsten des Plattenpanzers immer weiter in den Hintergrund getreten. Der Chronist Jean le Bel, der aus dem Hennegau stammt, vermerkt, dass die Engländer, als er 1327 dorthin kam, noch nichts von Plattenrüstungen gehört hatten, sondern lange Hemden, auch Brünnen genannt, aus

Plattenrüstungen sind so geschickt gebaut, dass sie nicht nur Schutz, sondern auch so viel Bewegungsfreiheit wie möglich gewähren, wie die Gelenke an diesem stählernen Handschuh zeigen.

Kettengewebe trugen, darüber Waffenröcke, die ihr Wappen zeigten, und dazu Topfhelme aus Eisen oder *cuir bouilli*. Kaum mehr als zehn Jahre danach trugen sie die modernen Platten. Jean übertreibt da etwas: Plattenpanzerung war im England des 13. Jahrhunderts bereits bekannt, aber der Ausbruch des Krieges gegen Frankreich 1337 hat sicher geholfen, die Engländer auf den neuesten Stand zu bringen. Als gut ausgerüsteter Ritter stecken Sie heutzutage glücklicherweise vollständig in einem sorgsam gefertigten und raffiniert zusammengesetzten Plattenpanzer.

Wo sollten Sie Rüstungen kaufen? Am besten wenden Sie sich direkt an einen Rüstungsmacher (auch Plattner genannt); auf diese Weise wissen Sie, dass das Produkt Ihnen genau passt. Als Alternative gibt es ein paar Konfektionsläden in Großstädten, die Rüstungen verkaufen; Francesco Datini, ein italienischer Händler aus Prato, hatte eine Zeit lang einen Laden in Avignon, der praktisch für Ritter war, die im englisch-französischen Krieg kämpften. Die besten Rüstungen macht man in Italien, und zwar in Mailand; auch in Deutschland gibt es hervorragende Waffenschmiede, deren Hauptproduktionszentrum Köln ist.

Ein vollständiger Plattenharnisch, geschmiedet in Mailand gegen Ende des letzten Jahrhunderts. Die Brustplatte ist mit Samt überzogen; Rumpf und Extremitäten sind vollständig durch Stahlplatten geschützt. Der Helm ist eine Beckenhaube mit konischem Visier; ein Kragen aus Kettengewebe schützt Hals und Schultern.

Dieser Topfhelm aus dem 14. Jahrhundert hat kein Klappvisier und eignet sich besser für Turniere als für Gefechte.

Der Helm

Das wichtigste Einzelteil, das Schutz braucht, ist Ihr Kopf. Zunächst einmal brauchen Sie ein Stoffpolster, das Sie vor dem Scheuern der Helmbrünne (oder auch Halsberge) aus Kettengewebe schützt, die Sie unter Ihrem Helm tragen.

Der Topfhelm: Der als Topfhelm bekannte altmodische Helmtyp ist ein massives Stück Arbeit, das auf Ihren Schultern aufsitzt; wahrscheinlich ist oben auf ihm ein großer Helmbusch montiert. Der Helm hat Sehschlitze, die auch der nur zu nötigen Belüftung dienen –

Checkliste Material für die Rüstung

Zur Herstellung einer Rüstung eignen sich mehrere Materialien:

1. Kettengewebe aus ineinander geschobenen und vernieteten Ringen ist ein Schlüsselelement. Es wehrt Hiebe gut ab, bietet aber, weil es flexibel ist, geringen Schutz gegen stumpfe Schläge.
2. Plattenpanzerung aus Metallblech kann scharfe und stumpfe Hiebe gleichermaßen abweisen.
3. *Cuir bouilli*, gehärtetes Leder, ist relativ leicht und dabei zäh.
4. Fischbein, Platten aus den Barten eines Wals, ist ebenfalls ein sehr nützliches Material, das oft für Turnierrüstungen verwendet wird.

in diesen Dingern wird Ihnen sehr heiß werden. Ein bewegliches Visier fehlt, und wenn man mit solchen Helmen zu tun hat, lautet der beste Rat, sie nur aufzusetzen, wenn es unbedingt sein muss. Früher, im 13. Jahrhundert, hatte der Topfhelm einen flachen Scheitel, der seine Herstellung leichter machte, aber kaum Schutz gegen einen Schlag mit dem Streitkolben oder Streithammer bot.

Der Stechhelm: Die heute bei Turnieren übliche Helmform hat sich aus dem Topfhelm entwickelt. Die ehemals flache Scheitelplatte hat nun eine eher konische Form, die Hiebe seitlich abgleiten lässt. Die allerneueste Form des Stechhelms könnte man „Froschmaul" nennen. Unter den Sehschlitzen hat sie eine im Bogen vorspringende Helmwand, die Ihr Gesicht vollständig schützt, wenn Sie gerade sitzen oder sich zurücklehnen.

Die Beckenhaube: Einen Helm vom Topftyp könnten Sie natürlich im Kampf tragen, aber die Tatsache, dass Sie darin nicht viel sehen und nicht einmal richtig atmen können, ist ein deutlicher Nachteil. Die Beckenhaube, das Bacinet, ist da viel praktischer. Zu Beginn des 14. Jahrhunderts war sie kaum mehr als eine stählerne

Sie fürchten vielleicht, dass Sie in dieser italienischen Beckenhaube mit Schweineschnauzen-Visier komisch wirken, aber niemand wird über Sie lachen. Das Visier bietet ausgezeichneten Schutz und lässt Sie problemlos atmen.

Technik auf neuestem Stand

Verbesserte Herstellungsweisen haben die jüngsten Veränderungen im Rüstungswesen erst möglich gemacht; so hat der Gebrauch von Hammerwerken mit Wassermühlenantrieb einen Teil der Produktion mechanisiert, während wassergetriebene Blasebälge die Schmelztemperatur erhöhen können. Schmiedeeisen verbiegt sich leicht; es hat nicht die Festigkeit, die ein guter Panzer verlangt, und wäre für ein Schwert erst recht nutzlos. Stahl entsteht, wenn dem Eisen ein kleiner Anteil Kohlenstoff zugesetzt wird. Dank einer komplizierten Abfolge von Erhitzungs- und Abkühlvorgängen kann man das Metall tempern und so seinen Härtegrad steuern. Auf diese Weise kann ein Meisterplattner sicherstellen, dass die Außenflächen eines metallenen Werkstücks hart sind, während das Innere jene Geschmeidigkeit behält, die es vor dem Zerspringen schützt. Rüstungsmacher verfügen über mehrere Ambosse in verschiedenen Formen und besondere Hämmer, um die unterschiedlichen Rüstungskomponenten zu schmieden, die dann anschließend noch poliert und veredelt werden müssen.

Kappe, die man sogar unter einem Topfhelm auf dem Scheitel tragen konnte. Dann kam ein Klappvisier dazu, das sich in hochgeklappter Position feststellen ließ, bis der Kampf begann. So konnte man sehen und hören, was vorging, hatte aber trotzdem angemessenen Schutz. Den Hals schützte ein Stück Kettengewebe. Moderne Beckenhauben sehen vielleicht etwas seltsam aus, denn das Visier ist normalerweise ein spitzer Kegel und lässt Sie ein bisschen wie einen Hund oder sogar wie ein Schwein wirken. In Deutschland nennt man diese Helme daher auch „Hundsgugel". Aber diese Form ist sehr praktisch. Sie lässt vor Ihrem Gesicht so viel Luft, dass Sie frei atmen können, und die Wahrscheinlichkeit ist gering, dass Sie sich die Nase brechen, weil Sie mit dem Kopf gegen das Visier schlagen. In der Schlacht von Nogent-sur-Seine 1359 kommandierte Eustace d'Auberchicourt die englischen Truppen. Einem Franzosen gelang es, seine Lanze auf Eustace zu schleudern; sie traf und durchdrang sein Visier. Eustace verlor drei

Zähne, konnte aber dennoch weiterkämpfen; das Visier hatte die Wucht des Wurfs zum Großteil aufgefangen.

Der Eisenhut: Diese einfache Helmform mit breiter Krempe mag leichter sein und gut gegen Hiebe und Steinwürfe von oben schützen. Einem Ritter steht sie schlecht an, so etwas trägt das Fußvolk.

Körperschutz

Kettenhemden sind bereits seit der Mitte des 14. Jahrhunderts aus der Mode. Ihr Oberkörper lässt sich auf verschiedene Weise schützen. Es stehen zur Wahl:
- Eine wattierte Jacke (Gambeson oder Steppwams) unter Ihrer eigentlichen Rüstung. Der englische Ritter John FitzMarmaduke hatte ein sehr trendiges rotes Wams mit angesetzten Ärmeln aus Fischbein.
- Einen „Plattenrock" – Streifen aus einander überlappenden Stahlplatten, die auf eine Stoff- oder Lederjacke genietet sind; ein Fortschritt gegenüber der Brünne aus Kettengewebe. Als die Franzosen 1377 Rye an der englischen Südküste angriffen, beeindruckte sie ein Engländer, den sie gefangennahmen, denn sein Plattenrock war mit Goldsamt überzogen.
- Der „Lentner" ist eine technisch verbesserte Fortentwicklung des Plattenrocks, die Stahlplatten sind innen auf einen Rock aufgenietet. Das sieht hübscher aus, zumal der Lentner noch modisch die Taille betont.
- Ein Kürass oder massiver Brustpanzer entspricht dem Stand der Technik und ist besonders geeignet für Turniere.
- Achselschilde (*ailettes*) auf Ihren Schultern sind Schutzvorrichtungen mit dekorativem Zweck, denn sie tragen Ihr Wappen. Allerdings sind sie um 1350 aus der Mode gekommen.
- Den besten Schutz für die Beine bieten Plattenstücke für den Oberschenkel (Diechlinge) und stählerne Beinröhren, verbunden durch Kniekacheln. Auch gepanzerte Schuhe sind notwendig.

Einige Veränderungen im Rüstwesen hat die Mode diktiert; zu Beginn

Checkliste Körperschutz

Ailettes: Schulterstücke, oft mit einem Wappen verziert

Aketon: Wattierte Jacke ähnlich dem Gambeson

Armkachel: Ellbogenschutz

Avantail: Helmbrünne; Halsschutz aus Kettengewebe, der am Helm hängt

Bacinet für die Schlacht: Beckenhaube; spitzer Helm, meistens mit Visier

Beinkachel: Knieschutz

Beinröhre: Schienbeinschutz

Brünne: Panzerhemd, normalerweise aus Kettengewebe

Camail: Anderer Name für Avantail

Chamfron: Gepanzerter Kopfschutz eines Pferdes

Diechling: Oberschenkelschützer

Eisenhut: Offener Helm, geeignet für Infanterie

Eisenschuh: Gepanzerter Stiefel

Gambeson: Steppwams; wattiertes Unterzeug

Helmbrünne: Am Helm befestigter Panzerkragen, Hals und Schultern deckend

Jupon: Eng gearbeitete Stoffjacke, wird über der Rüstung getragen

Kürass: Brust- und Rückenpanzer, durchgehend

Vorder-/Hinterflug: Schulterschutz

Waffenrock: Lockeres Obergewand aus Textilien, wird über der Rüstung getragen

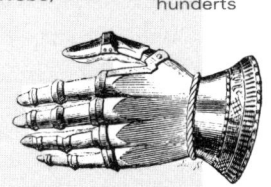

Panzerhandschuh des 14. Jahrhunderts

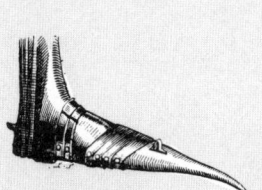

Gepanzerter Schnabelschuh des 14. Jahrhunderts

Rüstungsmoden, die Ritter des 14. Jahrhunderts getragen haben könnten.

des 14. Jahrhunderts war ein weit geschnittener Waffenrock *das* Accessoire, das über den Panzer gehörte, aber jetzt hat ihn der eng anliegende Jupon abgelöst, der in jeder Hinsicht schicker aussieht.

Diese ganzen Rüstungsteile hören sich nach enorm viel Gewicht an. So schlimm ist es eigentlich nicht. Weil das Gewicht sich gut über den ganzen Körper verteilt, werden Sie feststellen, dass sich Plattenrüstungen leichter tragen lassen als ein altmodischer Ringelpanzer aus Kettengewebe. Auf jeden Fall müssten Sie in der Lage sein, in voller Rüstung Ihr Pferd zu besteigen, ohne jemanden um Hilfe zu bitten.

Die Rüstung anlegen und pflegen

Ihre Rüstung anzulegen, ist eine längere Aktion, und einige Hilfe durch einen Diener brauchen Sie dabei. Es gibt viele verschiedene Teile, und bei jedem müssen Sie sich überzeugen, dass es gut befestigt ist.

Checkliste Rüstung anlegen

- Zuerst einmal machen Sie Feuer in dem Raum, wo Sie sich umkleiden; Sie wollen ja nicht frieren. Auf dem Boden sollte ein Teppich liegen.
- Dann ziehen Sie sich aus bis aufs Hemd und kämmen sich.
- Mit den Füßen geht es los; ziehen Sie die Lederschuhe an.
- Jetzt die Beinröhren für Ihre Schienbeine; sie können aus Stahl oder *cuir bouilli* sein. Anschließend Oberschenkel- und Knieschutz.
- Nun ziehen Sie ein Steppwams über, gefolgt vom Hemd und einer Haube.
- Eine Stahlkappe kommt als Nächstes.
- Dann die Brünne mit zusätzlichem Lederschutz.
- Über das alles wird ein Waffenrock mit Ihrem Wappen gestreift.
- Es folgen die Handschuhe, und dann schließlich stülpen Sie den Topfhelm über.

DIE RÜSTUNG ANLEGEN UND PFLEGEN 53

Ein italienischer Ritter aus der toskanischen Stadt Prato um 1340. Er ist in voller Kriegsrüstung und trägt den Plattenharnisch neuesten Stils, darüber einen Waffenrock. Sein Pferd, ein prächtiges Streitross, ist mit einer Stoffschabracke bedeckt, die das Wappen des Ritters zeigt.

Wie in der Checkliste auf S. 52 beschrieben, legte man im frühen 14. Jahrhundert seine Turnierrüstung an. Natürlich hätten Sie heute wahrscheinlich die volle Ausstattung mit Plattenharnisch und Beckenhaube statt einem Kettenhemd mit Topfhelm. Ihre Rüstung in gutem Zustand zu halten, ist nicht leicht, denn sogar der beste Stahl rostet. Farbe oder Vergoldung hilft da natürlich. Ein Plattenpanzer lässt sich relativ leicht polieren, auch wenn das harte Arbeit ist, aber Kettenringe blank zu bekommen, ist schon schwieriger. Eine Methode besteht darin, ein Fass voll Kleie zu benutzen. Stecken Sie Ihren Panzer hinein und rollen Sie das Fass herum. Die Kleie poliert die Ringe und das darin enthaltene Öl verleiht einen gewissen Rostschutz.

Achtung: Mode ist etwas für den Hof und seine Feste, sie hat auf dem Schlachtfeld nichts zu suchen! Seien Sie eindringlich davor gewarnt, sich Schnabelschuhe auch an den gepanzerten Beinlingen anbringen zu lassen. Das gefällt zwar den Frauen, behindert aber im Kampf. Wegen solcher Dekadenz verloren die Habsburger Ritter 1386 bei Sempach gegen die Schweizer, zehn Jahre später traf angeblich das Kreuzfahrerheer vor Nikopolis dasselbe Schicksal. Immerhin: Wer weiß, wo die Schweizer heute stünden, wenn es den Schnabelschuh nicht gäbe!

Was eine Rüstung kostet

Rüstungen sind nicht billig. Das Inventar der Besitztümer eines betagten englischen Ritters von 1374 liefert einige Möglichkeiten zum Preisvergleich; daraus geht hervor, dass man etwa 14 Tageslöhne braucht, um eine Beckenhaube zu kaufen (den Lohn mit zwei Shilling pro Tag gerechnet). Es zeigt auch, wie teuer es vergleichsweise ist, ein Pferd richtig auszustatten:

- Beckenhaube mit Helmbrünne   £ 1   6 Shilling   8 Pence
- Sattel und Pferderüstung   £ 6   6 Shilling   8 Pence
- Drei Brünnen   £ 8   13 Shilling   4 Pence
- Zwei Paar Panzerhandschuh   6 Shilling   8 Pence

Folgendes kosteten spanische Rüstungsartikel 1383; das teuerste Einzelteil ist das Kettenhemd, das sehr aufwendig in der Herstellung war.
- Beckenhaube mit Helmbrünne 20 Gulden
- Kettenhemd 25 Gulden
- Beinschutz für den Harnisch 10 Gulden
- Panzerhandschuhe 4 Gulden

Natürlich verdienen Rüstungshändler ganz gut an der aktuellen Kriegszeit in Europa. 1367 hatte Francesco Datini in seinem Laden in Avignon im Angebot:
- 45 Beckenhauben
- 3 Eisenhüte
- 10 Stahlkappen
- 60 Brustpanzer
- 20 Kürasse
- 12 Kettenhemden
- 23 Paar Handschuhe

Tipp: Kaufen Sie Gebrauchtwaffen, die sind bis zu einem Drittel billiger als Neuwaren. Eine Rüstung übersteht die Schlacht ja oft besser als der, der darinsteckt.

Pferde

Ein Ritter ohne Pferd ist etwas Unvorstellbares. Wie der französische Rechtsgelehrte Honoré Bouvet so schön sagt: „Ein Ritter ist kühn auch wegen seines Pferdes, auf das er vollkommen vertraut." Tatsächlich brauchen Sie mindestens zwei Pferde für eigene Zwecke und weitere für Ihre Gefolgsleute. Es gibt verschiedene Pferdetypen:
- **Das Streitross** (*dextrarius, destrier*) ist das größte Pferd. Es ist groß und kräftig. Dieses Tier muss in der Lage sein, den Ritter in voller Rüstung in schärfster Gangart und ohne Furcht vor dem anstürmenden Gegner ins Gefecht zu tragen. Nach Auskunft des Gelehrten Albertus Magnus († 1280) soll es zudem dazu abgerichtet sein, „Sprünge zu vollführen und mit Beißen und Hufschlag in die Schlachtreihe einzubrechen". Wenn Sie solch ein gut ausgebildetes

Sir Geoffrey Luttrell erhält von seiner Frau und ihrer Schwiegertochter Lanze, Helm und Schild überreicht. Das Bild hebt Familie und Herkunft des Ritters hervor, auf dessen Wappen sich die Merletten („gestümmelte" Vögel ohne Beine) gut erkennen lassen. Sein Pferd ist gepanzert, wie es sich für einen Ritter gebührt, und zeigt ein großes Wappen. Ein dreieckiger Wimpel an der Lanze ist ein weiterer Hinweis auf Sir Geoffreys Ritterstatus.

Tier besitzen, werden Sie sich wahrscheinlich dazu entschließen, es selten zu reiten und für die Schlacht aufzuheben.
- **Der Renner**, ein leichteres Pferd, lässt sich einfach reiten und ist gut geeignet für Kampf und Turnier.
- **Der Zelter** ist ein Reitpferd mit charakteristisch sanfter Gangart.
- **Ronzin** oder „Mähre" sind veraltete Begriffe für ganz normale Pferde, die leicht abfällig wirken.

Für den Kampf sollten Sie über ein Streitross oder einen feurigen Renner verfügen. Die besten Pferde stammen aus Spanien und Italien, aber der Pferdehandel ist ein Riesengeschäft, und Sie können beispielsweise ungarische Pferde bis nach England verkauft finden. Die Pferdepreise unterliegen starken Schwankungen und können im Kriegsfall auf ein

Vielfaches steigen. Besser also, Sie decken sich rechtzeitig mit Schlachtrössern und Saumtieren ein. In Pisa legte man 1326 den Mindestwert eines Streithengstes auf 25 Goldgulden fest, ein gewöhnliches Reitpferd sollte mehr als 15 Goldgulden kosten, ein Ronzinus mehr als zehn Goldgulden. Gewiefte Soldritter präsentieren bei der Musterung vor Dienstantritt allerdings auch gerne mal ein besonders wertvolles „Leihpferd" eines Kameraden. Echte Prachthengste können durchaus einen Marktwert von mehreren hundert Goldgulden besitzen. Solche Paradepferde können sich nur die Höchstgestellten leisten.

Pferde gibt es in allen Farben, aber die Mehrheit sind Braune, Füchse (rotbraun) oder Rappen (schwarz), mit ein paar Grauschimmeln dazwischen. Besonderes Prestige ist damit nicht verbunden; die Farbe sagt nichts über die Qualität des Tieres aus.

Ihrem Pferd müssen Sie einen Namen geben. Bayard ist eine sichere Wahl, besonders für einen Braunen (französisch *bai*); viele Pferde heißen so und tragen zusätzlich einen Familiennamen oder Ähnliches

Ritter kommt von Reiten

Schon allein der Name des Rittertums ist mit den Pferden verknüpft, und Thomas Gray der Ältere bemerkte einmal, wenn man eine ritterliche Tat vollbringen wolle, dann solle man im Sattel sitzen. König Pedro IV. von Aragon schrieb, im Kampf zu Pferde sei er viel besser als zu Fuß. Im englischen Gedicht *Sir Launfal* blamiert sich der Held, als er sein Pferd nicht unter Kontrolle bekommt:

> Ohn Stolz ritt er heran;
> Sein Ross glitt aus und fiel ins Moor,
> Des kam er gar verächtlich vor
> So manchem andern Mann.

Ihr Pferd ist Teil Ihrer Identität als Ritter. Ohne Pferd ist ein Ritter nichts weiter als ein schlichter Fußsoldat. Ironischerweise werden Sie allerdings feststellen, dass die beste Kampfweise in den meisten Fällen darin besteht, abzusteigen und dem Feind zu Fuß entgegenzutreten.

zur Unterscheidung. Bayard war natürlich das heldenhafte Zauberpferd, das in vielen Ritterromanen auftaucht. Morel ist ein guter Name für ein dunkelbraunes Pferd, auch hier mit einem angehängten Familiennamen wie Morel de Mohaut oder einem Ortsnamen, etwa Morel de Durham. Sie können aber auch etwas Extravagantes wählen: Das beste Turnierpferd Lodovico Gonzagas hörte auf den Namen „Desperatus" und Graf Amadeus VI. von Savoyen nannte sein Schlachtross schlicht „Luzifer".

So ein teures Pferd braucht Schutz; gerade in der Schlacht, wenn die Pfeile auf Sie zuschwirren. Das Minimum ist ein Stirnharnisch, die Rossstirn, der seinen Kopf panzert, aber Sie können es auch anständig mit einer Lage Kettenpanzer ausstatten, den es über einer dicken Polsterschicht trägt. Über das alles wiederum kommt eine Stoffschabracke, die Ihr Wappen trägt. Das ist ein wichtiges Stück Ihrer Ausrüstung; im Feld wird ein klarer Unterschied gemacht zwischen den voll gepanzerten Kavalleristen, die gedeckte oder bardierte Pferde reiten, und anderen wie Bogenschützen, deren Reittiere nackt wirken.

Es ist wichtig, dass Ihr Pferd gut geschützt ist. Dieses Ritterpferd ist vollständig bedeckt.

Eine Gruppe spanischer Ritter auf voll gerüsteten Pferden. Sie reiten mit gestrecktem Bein, wie es für einen Ritter die richtige Haltung ist.

Auch die Sättel sind wichtig. Sattelknopf und Hinterzwiesel sind so hoch, dass sie sich geradezu um den Reiter herumlegen können, besonders bei Sätteln, die für den Tjost gedacht sind. Auf diese Art werden Sie fest im Sattel gehalten und können möglichen Hieben widerstehen; ein Lanzenstoß kann Sie nicht so leicht vom Pferd werfen. Die Steigbügel sind lang, sodass Sie beinahe mit gestrecktem Bein sitzen; das bedeutet, Sie haben eine stabile Position, um mit Lanze und Schwert zu kämpfen. Das Zaumzeug wurde in den letzten Jahren deutlich modernisiert. Während die deutschen Ritter nach wie vor auf den Frontalangriff setzen, erweisen sich die italienischen Reiter nun als weitaus wendiger.

Pferde brauchen eine Menge Pflege. Besonders ein Streitross frisst eine Menge und Sie sollten ihm täglich seine 15 Pfund Hafer geben. Ein schlichteres Pferd braucht die Hälfte. Zusätzlich benötigen Pferde Heu, außer in den Sommermonaten, wenn man sie auf den Feldern weiden lassen kann. Auch beschlagen muss man sie regelmäßig, und so ist es nötig, für konstanten Nachschub an Hufeisen und Hufnägeln zu sorgen. Sattelgurte, Halfter und weiteres Geschirr sind ebenfalls nötig. Sollte Ihr Pferd nicht in Topform sein, verzweifeln Sie nicht, denn es gibt jede Menge Pferdemedizin. Wein und Essig lassen sich dafür verwenden. Drachenblut, Weihrauch, Bockshornklee, Terpentin und Olivenöl stehen ebenfalls auf manchen Arzneilisten.

Schilde

Die Schilde waren früher länglich und tropfenförmig, aber bis zum frühen 14. Jahrhundert hatten sie sich sehr verändert. Sie wurden ziemlich klein, dreieckig und mit einer eher flachen als gewölbten Oberfläche. Schilde bestehen normalerweise aus Holz und Leder, und natürlich tragen sie ein Wappen. Sie sind ein wichtiger Bestandteil der Turnierausrüstung; in der oberen rechten Ecke können sie einen Ausschnitt haben, in den sich die Lanze einpassen lässt. Seit den 1390er-Jahren sind die Schilde als Bestandteile der ritterlichen Kampfausrüstung jedoch aus der Mode gekommen, „sodass man unter hundert gewappneten Rittern und Knechten nicht einen Schild finden wird", schreibt die Limpurger Chronik.

Infanteristen benutzen Schilde, und zwar entweder rechteckige Tartschen oder kleine kreisrunde Schilde mit Buckel, aber der voll gepanzerte Ritter hat kaum Verwendung für sie, ob er nun im Sattel oder zu Fuß kämpft.

Lanzen

Die Lanze ist eine eindrucksvolle Waffe, bis zu 4,20 Meter lang, normalerweise aus Eschenholz und oft prächtig bemalt. Denken Sie nur an das volle Gewicht von Mann und Ross und die Wucht hinter dem Ansturm, die sich in dieser einen Lanzenspitze bündelt. Die Lanze ist nicht wie ein Wurfspeer zum Schleudern gedacht; sie verlässt sich auf den Schwung von Mann und Pferd. Während Sie reiten, wird die Lanze senkrecht geführt, auf einer am Sattel befestigten Halterung; dann

LANZEN 61

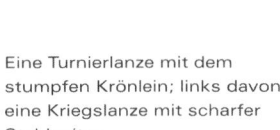

Eine Turnierlanze mit dem stumpfen Krönlein; links davon eine Kriegslanze mit scharfer Stahlspitze.

wird sie für die Attacke gesenkt und eingelegt. Sie halten die Lanze ziemlich nahe am Hinterende, unter den Arm geklemmt, und richten sie üblicherweise schräg über den Hals Ihres Pferdes hinweg, sodass die Spitze auf der linken Seite des Tieres ist. Hinten ist die Lanze dicker und wird dadurch ins Gleichgewicht gebracht, aber auch so ist sie keine gut ausbalancierte Waffe, und Sie werden eine Menge Kraft brauchen, sie oben zu halten und gut mit ihr zu zielen.

Für das Tjostieren braucht man eine ganz spezielle Lanze. Statt einer scharfen Spitze hat sie ein Krönlein genanntes stumpfes Ende, das mit seinen drei Vorsprüngen wirklich einer Krone ähnelt. Außerdem gibt es einen Handschutz, die Brechscheibe. Beim Turnier ist es eine gute Sache, durch einen tüchtigen Stoß auf den Gegner seine Lanze zu zerbrechen, also braucht sie nicht allzu fest zu sein, obwohl sie nur bei einem richtigen Treffer zersplittern sollte. Ihr Brustpanzer sollte mit einem Rüsthaken oder Lanzenhalter (*arrêt*) versehen sein, sodass die Lanze auf diesem aufliegen oder sogar mit einem Passstück fest eingehakt werden kann; dies garantiert, dass Ihr gesamtes Gewicht und das Ihres Pferdes hinter Ihrem Stoß sitzen. Sie brauchen eine ganze Menge Lanzen als Ersatz für alle, die Sie hoffentlich zerbrechen, denn eine gebrochene Lanze ist beim Tjostieren ein Punkt zu Ihren Gunsten. Die Kosten für so eine Lanze sind mit ½ Gulden zwar nicht gering, aber 15 bis 20 Stück im Monat werden Sie mit Ihrem Monatsgehalt auch als einfacher Ritter sicherlich erwerben können.

Schwerter

Das Schwert ist eine wahrhaft adlige Waffe, da seine beiden Schneiden die Pflicht des Ritters symbolisieren, „Recht, Vernunft und Gerechtigkeit an allen Enden zu verteidigen, ohne dem christlichen Glauben untreu zu sein", wie Geoffroi de Charny sagt. Es gibt viele verschiedene Schwerttypen, aber allen gleich ist, dass sie eine lange zweischneidige Klinge mit Parierstange und einem Knauf für das Heft (den Griff) des Schwertes haben. Der Knauf kann einfach und rund sein, aber eine ausgefallene Form ist eventuell modischer. Normalerweise verstärkt der Rücken das Schwert, ein Grat, der entlang der Mitte läuft.

Ein Schwert sieht vielleicht einfach aus, ist in seiner Herstellung aber kompliziert. Der Schmied muss es aus einem Eisenstab schmieden; wenn dieser genug erhitzt ist, um formbar zu werden, wird er in

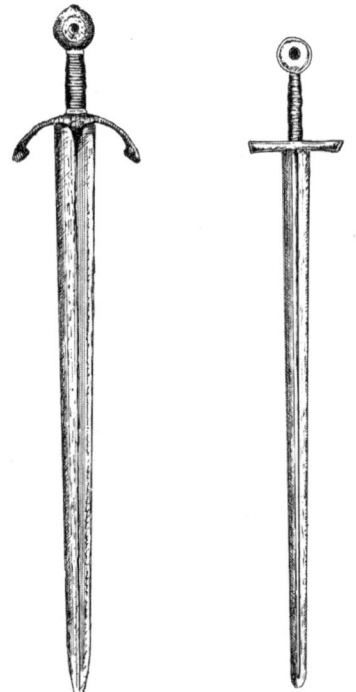

Schwerttypen gibt es viele, aber die meisten haben einen eingetieften Rücken, der ihnen Widerstandskraft gibt, eine schützende Parierstange und einen Knauf.

Checkliste Schwert

- Die Schmiedekunst besteht darin, der Klinge sowohl Härte als auch Zähigkeit zu verleihen.
- Die Balance bedeutet viel; wie sich das Schwert zur Spitze hin verjüngt, entscheidet darüber, wie es mit dem Heft ins Gleichgewicht kommt.
- Ein gutes Schwert sollte nicht zu schwer sein; an die drei Pfund sind wahrscheinlich das Idealgewicht.

Form gehämmert. Ein modernes Schwert besteht normalerweise aus einem einzigen Eisenstück; die Zeiten sind vorbei, da man Schwerter aus mehreren Eisenstäben machte, die man durch Verdrehen und Falten zu einer einzigen Klinge schmiedete. Durch sorgsames Erhitzen und Kühlen wird die Klinge nun getempert. Das Schwert ist nutzlos, wenn es spröde ist; gleichermaßen wenig Kampfwert hat es, wenn es weich ist und sich leicht verbiegt.

Die Schwerter verändern sich infolge des Aufkommens der Plattenpanzer; ältere Waffen haben eine breite Klinge, die sich für Hiebe mit der Schneide eignet, neuere sind steifer und verjüngen sich stärker zu einer scharfen Spitze, die für Stiche ausgelegt ist.

Es gibt Alternativen zum Schwert:

- Die Falchion, auch der Malchus genannt, ist eine krumme Blankwaffe mit breiter Klinge und nur einer Schneide, einiges kürzer als ein Schwert, aber beim Austeilen von Hieben dennoch sehr wirksam.
- Der Streitkolben ist eine schwere Keule; der Chronist Froissart beschreibt einen Ritter, der 1373 einen Kolben aus Blei hatte, „mit dem er jeden Helm zerschlug, der in seine Reichweite kam", doch wurde er selbst im Gegenzug am Kopf getroffen, ein Schlag, von dem er sich nie wieder ganz erholte. Dem Streitkolben ähnelt der Kriegshammer.

Eine Streitaxt ist eine äußerst tödliche Waffe. Diese hat sowohl eine Schneide für Hiebe als auch eine verstärkte Spitze.

- Die Axt ist eine weitere nützliche Waffe. Erinnern Sie sich, wie Robert the Bruce im Vorfeld der Schlacht von Bannockburn mit Henry de Bohun umsprang, als er dessen Schädel mit seiner Axt spaltete und dabei deren Stiel zerbrach. Bertrand du Guesclins Lieblingswaffe war die Axt, und auch Boucicaut wurde in der Schlacht von Roosebeke eine Axt aus der Hand geschlagen.

Weitere Waffen

Es gibt viele andere Kriegswaffen; für einen Ritter ist es wichtig, zu verstehen, wie sie wirken und wie man sie bedient, aber geübt zu sein brauchen Sie mit ihnen nicht. Die Armbrust ist eine Infanteriewaffe.

Armbrüste brauchen Zeit zum Nachladen, sind bei Belagerungen aber hocheffektiv. Hier wird eine einfüßige Armbrust gespannt und abgefeuert.

- Eine einfüßige Armbrust wird über einen einzelnen Steigbügel gegen den Boden gedrückt, während man nachlädt.
- Eine zweifüßige Armbrust spannt man unter Verwendung beider Füße.
- Eine Armbrust *à tour* spannt man mit einer kleinen Winde.
- Die Armbrust verschießt einen furchterregenden, schweren Bolzen. Sie wird bei der Verteidigung von Burgen viel verwendet, und Armbrustschützen mit massiven rechteckigen Schilden (Pavesen genannt) sind auf dem Schlachtfeld eine Bedrohung. Das Problem an der Armbrust ist ihre Langsamkeit; sie nachzuladen, ist mühselig.
- Der Bogen ist eine viel einfachere Waffe, dafür aber eine, die ihrem Benutzer viel Geschicklichkeit und Kraft abverlangt.
- Die Engländer gebrauchen Langbögen, im Idealfall aus Eibenholz und 1,80 Meter oder länger; mit ihnen kann man eine viel höhere Feuerrate erzielen als mit der Armbrust. Der Langbogen hat eine effektive Reichweite von mindestens 180 Metern. Der Pfeilhagel aus einem Haufen englischer Bogenschützen ist wahrhaft erschreckend; er kann gegen Kavallerie eine verheerende Waffe sein.

Der Langbogen, sechs Fuß lang oder noch mehr, verlangt beim Spannen große Kraft. Die besten Bögen macht man aus iberischer Eibe, sie erreichen ein Zuggewicht von 70 Kilogramm oder mehr.

- Die Sarazenen verwenden viel kürzere Bögen eines völlig anderen Typs. Sie bestehen nicht aus einem einzigen Holzstück, sondern sind Kompositbögen, oft aus miteinander verleimten Holz- und Hornschichten, die man geschickt zu einer Krümmung geformt hat. Der Sturm türkischer Pfeile ist ebenso erschreckend wie der, den die englischen Langbögen loslassen.
- Stangenwaffen sind gegen Ritterkavallerie beängstigend effektiv, und nur weil sie einfach aussehen, sollten Sie nicht glauben, dass sie keinen Schaden anrichten.
- Stahlpiken aus Bordeaux sind hoch angesehene Waffen.
- Einfache Speere sind in den Händen der Schotten, wenn sie sich in dichter Formation aufstellen, völlig ausreichend, um einen entschlossenen Angriff zum Stehen zu bringen.
- Hellebarden, Stangen mit einer Hieb- und Stichklinge am Ende, sind schrecklich. Die Schweizer sind besonders geschickt darin, mit ihnen deutschen Reitern Beine zu machen.

Stangenäxte oder Hellebarden treten in wechselnden Typen auf. Alle sind in der Hand von Fußsoldaten hochgradig wirksam.

Außerdem gibt es große Maschinen für den Belagerungskrieg, riesige Steinschleudern, Kanonen und sonstige Waffen. Ritter haben damit nichts zu tun; es gibt spezielle Waffenmeister und Kanoniere, die wissen, wie man mit ihnen umgeht. Allerdings müssen Sie wissen, was diese Maschinen und Waffen bewirken – Näheres dazu in Kapitel XII.

Hätten Sie's gewusst?

- Das Gesamtgewicht der Rüstung sollte nicht mehr als 25 bis 30 Kilogramm betragen.

- Bei sehr heißem Wetter kann man in einer Rüstung ersticken. In der Schlacht von Sempach sollen 1386 mehr Ritter unter Staub und Julihitze an Atemnot und Hitzschlag umgekommen sein als durch feindliche Waffeneinwirkung.

- In der Schlacht von Auray nahmen Hugh Calveley und seine Männer ihr Beinzeug ab, um beweglicher zu werden.

- Rüstungen schützen nicht vollständig: 1337 wurde William Despenser von einem Pfeil getötet, der durch drei Lagen Kettenpanzer und drei Falten seines Steppwamses drang.

- Edward III. nahm seinen Schmied Andrew le Fevre mit auf den Feldzug von 1346; Andrews Mutter blieb im Londoner Tower, um dort für ihren Sohn weiterzuarbeiten.

V Ritterorden

Und bei diesem Fest verfügte er etwas Neues und für die Krone Ungewöhnliches, denn er wählte sechzig unter den Baronen und Rittern aus, die Treue und Gemeinschaft mit dem besagten König schworen, nach einer bestimmten Ordnung für ihre Lebensweise, ihre Taten und Kleidung ... Und man nannte sie die Gemeinschaft des Knotens.

MATTEO VILLANI, *Chronik* (1352)

Zu Clubs und Vereinen zu gehören, macht Spaß. Es verleiht einem ein Gefühl der Zugehörigkeit und eine Gruppenidentität. Ritter sind in dieser Beziehung keine Ausnahme. Es gibt eine große Anzahl Orden, denen Sie vielleicht beitreten können und die Ihnen Gemeinschaftsgefühl und gesteigertes Selbstbewusstsein bieten. Ihre Zeremonien werden Ihre Ritterideale stärken. Allerdings sollten Sie darauf achten, bei wem Sie mitmachen.

Religiöse Orden

Wahrscheinlich wollen Sie keinem Ritterorden wie den Johannitern (auch Hospitaliter genannt) beitreten, deren Mitglieder halb Mönch, halb Ritter sind. Derartige Orden sind eindeutig im Niedergang, und die mit ihnen verbundene klösterliche Disziplin ist nicht unbedingt jedermanns Sache.

Die Orden vom Tempel Salomons und vom Johannesspital in

RELIGIÖSE ORDEN 69

Es gibt viele Orden zur Auswahl, aber ein Templer können Sie nicht werden, weil der Templerorden nicht mehr existiert. Er wurde zu Anfang des 14. Jahrhunderts durch König Philippe IV. von Frankreich vernichtet. Hier werden mehrere Templer wegen Ketzerei verbrannt.

Jerusalem wurden in der Frühzeit der Kreuzzüge im 12. Jahrhundert gegründet. Sie erfüllten einen wichtigen Zweck, solange es im Osten das Königreich Jerusalem gab – vor dem Fall seiner Hauptstadt Akkon 1291. Der Templerorden wurde zu Beginn des 14. Jahrhunderts vernichtet. Er besaß viel Land in Europa und hatte sich zu einem großen Kreditinstitut entwickelt. Da überrascht es nicht, dass Philippe IV. von Frankreich ein Auge auf dieses Vermögen geworfen hatte. Die Templer wurden vor Gericht gestellt, unter Anklage wegen Ketzerei und lasterhaften Lebens; man warf den Rittern vor, sich der Gotteslästerung, des Götzendienstes und einer eindrucksvollen Palette sexuellen Fehlverhaltens schuldig gemacht zu haben.

Der Johanniterorden übernahm in der Folgezeit vieles vom Eigentum der Templer. Nachdem Akkon gefallen war, verlegte der Orden sein Hauptquartier erst nach Zypern und dann nach Rhodos.

Wenn Sie im Mittelmeerraum auf Kreuzzug gehen, werden Sie zweifellos mit den Johannitern zu tun haben, obwohl sie nicht mehr so wichtig sind wie früher. In der mediterranen Welt gibt es auch andere religiöse Orden; in Spanien finden Sie unter anderem den Orden von Calatrava und den St.-Jakobs-Orden von Santiago de Compostela. Der Deutsche Orden ist ein weiterer wichtiger Kriegerorden. Seine Interessen haben sich von den Kreuzfahrerstaaten im Orient in den Ostseeraum verlagert, wo er die Hauptrolle beim Organisieren von Kreuzzügen gegen die Heiden in Litauen gespielt hat. Die Niederlage der Deutschherren bei Tannenberg (oder auch Grunwald) gegen ein polnisch-litauisches Heer im Jahr 1410 hat den Fortbestand des Ordens etwas zweifelhaft gemacht; es ist unwahrscheinlich, dass er sich je wieder ganz von dieser Katastrophe erholen wird.

Ritter des St.-Jakobs-Ordens von Santiago. Das ist ein religiöser Orden in Spanien, welcher bei der christlichen Rückeroberung des Landes eine wichtige Rolle spielte. Im Gegensatz zu den Templern, Johannitern und Deutschordensrittern ist es diesen Rittern erlaubt zu heiraten.

Weltliche Orden

Weltliche Ritterorden sind beliebt, auch wenn viele sich nicht lange halten. Könige sind darauf aus, welche zu kreieren, denn das steigert ihr Prestige und ist ein nützlicher Weg, Unterstützer zu gewinnen. Der erste weltliche Orden war die St.-Georgs-Gesellschaft, gegründet 1325 in Ungarn, dicht gefolgt vom Orden von der Bande, ins Leben gerufen 1330 in Kastilien. Eine spanische Chronik berichtet:

> Und sie nannten sich die Ritter vom Band, und sie hatten unter sich eine Festsetzung vieler guter Dinge, die allesamt Taten der Ritterlichkeit waren. Und wenn sie einem Ritter ein Band gaben, so ließen sie ihn schwören und geloben, dass er für sich alle ritterlichen Dinge einhalten werde, die in dieser Verordnung geschrieben waren.

Dann kam Edward III. von England 1344 auf die Idee, einen Orden der Tafelrunde zu stiften. Dieser sollte an die 300 Mitglieder haben, und der König brachte es so weit, mit dem Bau eines riesigen runden Gebäudes auf Schloss Windsor zu beginnen, wo die Ritter sich versammeln sollten. Der Chronist Jean le Bel schreibt:

> Er ließ im ganzen Königreich ein allgemeines Festmahl und einen vollzähligen Hoftag ausrufen, um diese Tafelrunde zu verfügen, und er gebot Damen und Edelfräulein, Rittern und Knappen, auf den Weißen Sonntag 1344 zu diesem Fest in Windsor zu erscheinen, und keine Ausrede sollte gelten.

Die Absicht war die, den neuen Orden am Vorbild der Vergangenheit eines Artus auszurichten, aber aus unbekannten Gründen wurde der Plan aufgegeben, obwohl der Rundbau schon so gut wie fertig dastand. Anstelle seines Großprojekts schuf der König vier Jahre später eine kräftig abgespeckte Version, deren hochexklusiver Mitgliederkreis von 26 Personen sich fast ausschließlich aus denen zusammensetzte, die bei Crécy gekämpft hatten. Alle Beiklänge von Camelot waren verschwunden; stattdessen wurde der Orden St. Georg gewidmet und ist verwirrenderweise unter dem Namen Hosenbandorden bekannt. Warum heißt er so und warum sind Blau und Gold seine Farben? Es gibt die abwegige Erklärung, der Name komme von einem Strumpfband, das eine hübsche junge Dame auf einem Ball verlor, worauf der König es aufhob. Möglich wäre, dass er Hosenbandorden heißt, weil der König ihn, um einen Witz zu machen, nach irgendeinem Stück Unterwäsche nennen wollte, dann aber auf ein Problem stieß, weil nur sehr wenige Arten Leibwäsche zur Auswahl standen, und beim Strumpfband landete. Sie dürfen gern spekulieren, wie der Orden hätte heißen können, falls das Angebot größer gewesen wäre.

Ein ernsthafterer Vorschlag besagt, dass die blaugoldenen Farben des Ordens auf Edwards III. Anspruch auf den französischen Thron verwiesen und sich auch die Devise *Honi soit qui mal y pense* („Ein Schelm, der schlecht darüber denkt") hierauf beziehe.

Dieses Glasfenster zeigt das Hosenband mit seinem Motto *Honi soit qui mal y pense* („Ein Schelm, der schlecht darüber denkt"), das als Symbol für den Ritterorden Edwards III. steht.

König Edward III. von England in den Gewändern des Hosenbandordens. Weil es nur 26 Ordensritter gab, war es eine hohe Ehre, zu ihnen zu zählen. Die Franzosen riefen bald nach Gründung des Hosenbandordens ihren eigenen Orden ins Leben, den Sternorden mit 300 Mitgliedern.

Man kann sich kaum denken, dass der Hosenbandorden – klein, absurd exklusiv und mit einem Namen und einer Devise, die ausgesprochen seltsam sind – auf lange Sicht Erfolg haben wird. Sicher hätte Edward besser daran getan, seinen Orden auf einem anderen Wahlspruch zu gründen, den er und seine Ritter gebrauchten: „Hey, hey, der Weiße Schwan, bei Gottes Seel, ich bin dein Mann."

Es gibt viele weitere Ritterorden, die von Herrschern gegründet sind. Nicht alle sind ein Erfolg geworden. 1352 gründete König Jean II. von Frankreich die Gemeinschaft des Sterns mit 300 Mitgliedern. Es sollte ihr schlecht ergehen. Fast ein Drittel der Ritter fiel in der Schlacht von Mauron, noch ehe die erste Jahresversammlung der Gemeinschaft stattfinden konnte. Jeans Gefangennahme in der Schlacht bei Poitiers 1356 und sein Tod 1364 gaben dem Plan den Rest.

Königliche Orden

Die St.-Georgs-Gesellschaft	Ungarn 1325
Der Orden von der Bande	Kastilien 1330
Der Orden vom Hosenband	England 1348
Der Orden vom Schwarzen Schwan	Savoyen 1350
Der Orden vom Stern	Frankreich 1352
Die Gesellschaft des Knotens	Neapel 1352
Der Orden der Fürspanger	Deutschland 1355
Der Orden vom Halsband	Savoyen 1364
Der Goldene Schild	Frankreich 1367
Das St.-Georgs-Unternehmen	Aragon 1371
Der Orden vom Hermelin	Bretagne 1381
Der Orden vom Schiff	Neapel 1381
Der Orden der Taube	Kastilien 1390
Der Salamander	Österreich ca. 1390
Der Goldene Apfel	Frankreich 1395
Das Gefäß des Heils	Aragon 1403
Der Drachenorden	Ungarn 1408

In der zweiten Hälfte des 14. Jahrhunderts wuchs die Anzahl der Ordensgründungen beträchtlich. Es liegt auf der Hand, dass Herrschergründungen das größte Prestige haben, aber Sie können auch anderen beitreten. Zum Beispiel hat der Herzog von Bourbon den Orden des *Fer de Prisonnier* („Fessel des Gefangenen") für 16 ritterliche Mitglieder begründet, und der Graf von Foix hat das Unternehmen des Drachen geschaffen, dem Frauen ebenso wie Männer angehören können. In Deutschland gibt es viele Turniergesellschaften, deren erste bereits im 13. Jahrhundert gegründet wurden. Diese Vereinigungen haben eine Jahresversammlung, bei der Tjoste stattfinden, und werden von einem Gremium geleitet.

Merkmale eines Ordens

In den Einzelheiten unterscheiden die Orden sich beträchtlich, aber sie alle haben Statuten, die ihre Zielsetzung festschreiben. Das Statut nennt die Aufnahmeregeln und setzt die Pflichten der Mitglieder gegeneinander fest. Normalerweise bestimmt es den Ablauf der jährlichen Vollversammlungen (oder Ordenskapitel).

Der Orden vom Schiff, 1381 durch Karl III. von Neapel gegründet, existierte nicht länger als fünf Jahre. Dennoch vermittelt seine Satzung einen guten Eindruck von dem, was Sie beim Eintritt in einen Orden erwartet. Die Ziele des Schiffs waren löblich:

> Allen Beherztheit und Kühnheit zu verleihen, um Gutes zu tun und die Guten und Tapferen zu lieben, zu ehren und hochzuachten und die Schlechten und Feigen zu hassen und geringzuschätzen, wie es recht ist und der Orden wünscht und gebietet.

Neben vielen anderen Pflichten sollten alle Ordensmitglieder
- einander in jeder Beziehung helfen, besonders wenn sie verarmten, gefangen oder krank waren,
- unter keinen Umständen eine edle Frau verunehren,
- Strafe zahlen, wenn sie nicht zum jährlichen Ordenstag erschienen.

Beim Ordenstag am Hof berichteten die Ritter all ihre Abenteuer, die dann für die Nachwelt aufgezeichnet wurden. Zu den geistlichen Verpflichtungen gehörte es, jeden Freitag zu fasten und regelmäßig zu beten.

Wenn sie Mitglied im Schiff wurden, sahen sie schick aus, mit blauem Jupon, weißem Überwurf mit weißgoldenem Saum, roten Schuhen und rotem Kapuzenmantel. Der Plan für das Ordenszeichen bestand darin, dass sie mit einem schlichten Schiffsrumpf samt Mast begannen; wenn sie sich auszeichneten, durften sie Einzelheiten hinzufügen, etwa Steuerruder, Anker, Tauwerk, Rah, Segel und Flaggen.

Viele Orden verfügen über ein Hauptquartier:

Die Gesellschaft des Knotens wurde 1352 durch König Ludwig von Neapel gegründet. Die schwarz gekleidete Person in der Mitte, die allein speist, ist ein Ritter, der in Schande geraten ist.

- Für den Hosenbandorden, der an ein geistliches Stift angeschlossen ist, befindet es sich in der St.-Georgs-Kapelle auf Schloss Windsor, zu der noch verschiedene Unterkünfte kommen.
- Der Sternorden saß in Saint-Ouen; wie im Fall des Hosenbandordens war er mit einer Kapelle samt Kanonikern und Kaplänen verknüpft.
- Das Zentrum der Gesellschaft des Knotens lag im Castel dell'Ovo auf einer Insel im Golf von Neapel.
- Das Schiff traf sich im Castel Nuovo in den Mauern von Neapel selbst.

Welcher Orden passt zu mir?

Es ist schwer, einen bestimmten Orden zu empfehlen. Meiden Sie das Hosenband: Es ist zu klein und elitär. Einige neue Orden scheinen verheißungsvoll, etwa das Gefäß des Heils in Aragon. Die vielleicht beste Option ist, selbst einen aufzumachen. Das hat Boucicaut getan, als er 1400 den Orden der weißen Frau auf grünem Schild ins Leben rief. Er hatte 13 Mitglieder, wurde probeweise auf fünf Jahre gegründet und sollte sich mit dem Problem vornehmer Damen befassen, die sich oder ihr Eigentum nicht selbst gegen Räuber verteidigen konnten.

Christine de Pizan, die selbst verwitwet war, gefiel das Projekt, und sie schrieb ein Gedicht darüber:

> Jene, die da tragen ohne Zögern
> den grünen Schild mit einer schönen Frau,
> wünschen mit scharf schneidendem Schwert
> zu schützen sie vor Übeltätern.

Leider erwies sich, dass Boucicauts Orden mehr versprach, als er hielt.

Verpflichtet, einem Orden beizutreten, sind Sie nicht, aber wenn Sie es tun, werden Sie es sicher nicht bereuen. Sie sollten eigentlich an Prestige gewinnen, wenn Sie Ordensritter sind, und es kann hilfreich sein, die Unterstützung der anderen Ritter zu genießen. Auf jeden Fall werden Sie sich gleich viel ritterlicher vorkommen.

Hätten Sie's gewusst?

- 54 Tempelritter wurden in Paris am 12. Mai 1310 auf dem Scheiterhaufen verbrannt.

- Der Orden vom Zopf heißt so, weil eine schöne junge Frau sich eine Haarsträhne abschnitt und sie dem Herzog von Österreich schenkte.

- Wer dem Hosenbandorden angehört und sein Hosenband zu tragen vergisst, wird mit einer Geldbuße von 6 Shilling 8 Pence bestraft.

- Die Ritter vom Schiff durften ihrem Ordenszeichen ein weißes Segel hinzufügen, wenn sie sich in einer Schlacht gegen Christen rühmlich hervortaten, und ein rotes, wenn die Schlacht gegen Sarazenen geschlagen wurde.

VI Anwerbung und Gefolgsleute

Dieser Vertrag wird geschlossen zwischen den Edelmännern Sir Thomas de Beauchamp, Earl von Warwick, einerseits und Sir Robert Herle andererseits, und es soll bekannt gemacht werden, dass Robert sein Leben lang mit vier Waffenknechten für den Krieg bei dem Earl bleiben wird.

Vertrag zwischen dem Earl von Warwick und Robert Herle (1339)

Ein Ritter zählt in jeder Armee zur Elite. Sie werden feststellen, dass nicht mehr als ein Viertel der Reiterei wirklich Ritter sind, und natürlich wird die Anzahl an Kavallerie normalerweise durch die einfachen Soldaten, die zu Fuß kämpfen, weit übertroffen.

Wahrscheinlich werden Sie einmal über Land verfügen, das Sie als Gegenleistung für Kriegsdienst bekommen, aber schon zu Beginn des 14. Jahrhunderts war der traditionelle Lehnsdienst, den man auf 40 Tage schuldete, weitgehend überholt. Viele Dienstpflichtige unterließen es, ihre Pflicht zu erfüllen. In England war die Anzahl der Ritter, die die Lehnsherren zu stellen hatten, im 13. Jahrhundert drastisch gekürzt worden. Die Wahrheit sieht so aus, dass Ritter wie andere Soldaten auch bezahlt sein wollen, obwohl man in einer echten Notlage freiwilligen Waffendienst erwarten kann. Als sich Frankreich zum Beispiel 1355 einer englischen Invasion gegenübersah, boten die französischen Adligen einen Monat Dienst auf eigene Kosten an. Was Sie anstreben sollten, ist ein faires Geschäft mit vernünftigem Lohn und, wenn Sie Glück haben, lukrativen Bonuszahlungen.

Gefolge

Als Ritter werden Sie Ihre eigene kleine Gefolgschaft mitbringen. Hugh Cheyne erklärte sich 1376 bereit, dem Earl of March zu dienen, und brachte einen Kämmerer, drei Waffenknechte und einen Pagen mit insgesamt sieben Pferden mit. Jean de Cepey diente Bertrand du Guesclin 1378 zusammen mit einem anderen Ritter und 18 Knappen.

Diese verschieden großen Kleingruppen werden zu größeren Gefolgen zusammengefasst. Der nächsthöhere Rang über dem Ritter ist der Bannerherr (*banneret*); jemand in dieser Position hat ein Gefolge von etwa 20 oder mehr Männern. Die in französischen Augen ideale Organisation unterteilt die Kavallerie in Hundertschaften, jede bestehend aus vier Bannerherren, 16 Rittern und 80 Knappen. Eine königliche Verfügung von 1374, die Charles V. erließ, legt fest, die Waffenträger seien in *routes* zu 100 Mann einzuteilen, jede unter einem Hauptmann. Es ist in der Praxis sehr schwer, so geordnete Zustände herzustellen, und in Wirklichkeit gibt es kaum Bemühungen, eine Standardgröße für Gefolgschaften festzulegen; je wichtiger und reicher ein Herr ist, desto größer sein Gefolge. Zwei Beispiele:

- Der Schwarze Prinz, Sohn Edwards III., hatte 1346 ein Gefolge aus elf Bannerherren, 102 Rittern, 264 Knappen und Waffenknechten sowie 966 Bogenschützen.
- Bertrand du Guesclins Gefolgschaft bestand 1378 aus 72 Kompanien und setzte sich insgesamt aus zwei Bannerherren, 90 Rittern und 567 Knappen zusammen.

In Italien gab es eine Standardeinheit, die sogenannte *barbuta*, die aus einem Ritter und seinem Pagen bestand. Im späten 14. Jahrhundert war dieses Gebilde durch die Lanze abgelöst worden, die drei Männer bilden: der Ritter, sein Knappe und ein Page. Die ersten zwei kämpfen, der dritte kümmert sich um Pferde und Ausrüstung. Mehrere Lanzen wurden zu Bannern zusammengefasst, von denen jedes aus ungefähr 20 Rittern bestand.

Über die Ritter, Knappen, Waffenknechte und vielleicht auch Bogenschützen hinaus, die in Stammrollen oder Rechnungsbüchern aufgelistet sind, gibt es auch noch Pagen, Diener und andere Personen außerhalb der kämpfenden Truppe. Das zeigen die Aufstellungen eines Kontingents, das aus Ponthieu zur französischen Armee entsandt war, die 1302 in der Schlacht bei Courtrai unterlag. Die Gesamtzahl betrug fünf Ritter, 20 Knappen, einen Kaplan, zwei Kleriker, sechs Kämmerer, 61 Pagen und eine Waschfrau. Zusammen hatten sie 84 Pferde. Also war von vier Personen aus diesem Gefolge ungefähr einer ein aktiver Kämpfer.

Solche Gefolge dienen nicht nur dem Krieg. Viele Verträge schreiben Dienste bei Turnieren ebenso fest wie im Krieg, während ein Vertrag auf Lebenszeit sowieso die Aufwartung bei einem Lehnsherrn in Friedenszeiten einschließt.

Die Wahl des richtigen Gefolges

Es liegt meist auf der Hand, welchem Gefolge Sie sich anschließen, wenn Sie in den Krieg ziehen. Gefolgschaften haben üblicherweise einen festen Kern aus Familienangehörigen, ständigen Würdenträgern und vielleicht auch Lehnsmännern, die regelmäßig mit einem bestimmten Herrn Feldzüge unternehmen. Da die Dinge so liegen, kann Ihre

Partnerschaften

Eine gute Idee ist es, mit einem anderen Ritter zu vereinbaren, dass Sie beide Waffenbrüder sind. Das bedeutet, Sie geben aufeinander acht und leisten gegenseitig Rat und Hilfe. Sie können sich auch einigen, die im Krieg unvermeidlichen Gewinne und Verluste zu teilen; das reduziert das mit dem Ritterdasein verbundene finanzielle Risiko. Robert Knollys und Hugh Calveley waren viele lange Jahre Waffenbrüder; solche Abkommen können aber auch relativ kurzlebig sein – wie etwa das zwischen Calveley und Bertrand du Guesclin, als sie zusammen in Spanien kämpften.

Die Wahl des richtigen Gefolges

Fahnenträger sind in der Schlacht ein Ziel, das ins Auge springt, also ist die Aufgabe gefährlich. Sie sollten gut überlegen, ob es sich lohnt, eines Banners wegen Ihr Leben aufs Spiel zu setzen.

Wahl unter Umständen praktisch feststehen. Doch die Zusammensetzung eines Gefolges kann wechseln, sogar von Feldzug zu Feldzug. Wenn wir uns Bertrand du Guesclins Gefolge von 1370 bis 1371 ansehen, stellen wir fest, dass 83 Ritter ihm während dieser Zeit irgendwann einmal gedient haben. Zehnmal wurde Heerschau gehalten; nur ein einziger Ritter war bei allen zehn anwesend und zehn jeweils nur bei einer. Die meisten dienten bei fünf, sechs Gelegenheiten.

Manche Herren sind beliebter als andere. 1300 pries ein Dichter im *Song of Caerlaverock* Robert Clifford:

> Ich weiß wohl, dass es kein Lob gibt, dessen er nicht würdig ist, gibt er doch so viele Beweise der Weisheit und Klugheit wie nur irgendeiner derer, die seinen guten Herrn, den König, begleiten. Wäre ich eine Jungfrau, mein Herz und meinen Leib gäbe ich ihm, so groß ist sein Ruhm.

In Cliffords Gefolge dienten dieselben Männer Jahr für Jahr; andererseits wies die Zusammensetzung im Fall seines Zeitgenossen Henry Percy deutlich weniger Kontinuität auf. Es gibt Leute, denen zu dienen man vielleicht besser vermeidet. Marschall Boucicaut steht zwar in gutem Ruf, aber im Ernst, möchten Sie einem Mann folgen, der seinen Wein mit Wasser verdünnt, zweimal am Tag die Messe hört, Stunden im Gebet verbringt und darauf besteht, entweder erbauliche Schriften oder Geschichten über klassische Helden zu lesen? Die richtige Wahl für Sie: Suchen Sie sich jemanden, der Erfolge im Kriegshandwerk aufzuweisen hat und außerdem den Ruf, großzügig zu seinen Männern zu sein. Sie sollten das Angebot auch auf die Bezahlung hin prüfen; bei Leuten, die für die Krone andere unter Vertrag nehmen, passiert es gar nicht so selten, dass sie ihren Männern weniger zahlen, als sie für sie bekommen.

Dienstverträge

Wenn Sie sich entscheiden, in den Dienst eines bestimmten Herrn zu treten, setzen Sie am besten eine schriftliche Vereinbarung auf. In England erstellt man dazu ein Chirograph (auch Zerter genannt), eine hintereinander in zwei Exemplaren geschriebene Urkunde, die in zwei Teile geschnitten und den Vertragsparteien übergeben wird. Sie können ein Abkommen für einen Feldzug oder auch auf Lebenszeit schließen. 1318 verpflichtete sich Peter de Uvedale in einem Chirograph, dem Earl von Hereford sein Leben lang mit vier Gefolgsleuten in Friedenszeiten und acht im Krieg oder bei Turnieren zu dienen.

> Vereinbart wird zwischen dem edlen Humfrey de Bohun, Earl von Hereford, auf der einen Seite und Sir Peter de Uvedale, Ritter, andererseits, dass besagter Sir Peter sein Leben lang bei besagtem Earl bleiben wird, wofür er Gewänder und Sättel – wie auch seine übrigen Ritter – und Verpflegung bei Hof empfangen wird, dazu Heu und Hafer für vier Pferde und Lohn für vier Burschen in Friedenszeiten, wenn er auf

> **Checkliste Verträge**
>
> - Läuft der Vertrag lebenslang, bekommen Sie wahrscheinlich Land oder die Einkünfte aus einem Stück Landbesitz als Bezahlung.
> - Verpflichten Sie sich nur auf ein Jahr, gibt es die Bezahlung einfach bar auf die Hand.
> - Als Gefolgsmann erhalten Sie Kleidung; natürlich ist es eindrucksvoll, wenn man sein ganzes Gefolge in die gleichen Farben kleidet.
> - Auch Abzeichen können gestellt werden; ein in England besonders auffälliges ist die Halskette aus S-förmigen Gliedern, die an Mitglieder des Gefolges des Herzogs von Lancaster verteilt wird.

Geheiß des Earls zu Hofe kommt. Und in Kriegszeiten sowie zu Turnieren Heu und Hafer für acht Pferde und Lohn für acht Burschen. Und Entschädigung für Streitrösser, die er im Krieg in Diensten des Earls verliert.

Die Engländer sind darauf bedacht, die Bedingungen und Umstände des Dienstes so detailliert wie möglich festzuschreiben. Anderswo sind Vereinbarungen normalerweise eher einfacher. In Frankreich versprechen Gefolgschaftsbriefe meistens Bezahlung ‚in der üblichen Weise' und drücken sich in Fragen wie der Dienstzeit oft vage aus. Ein französischer Ritter verpflichtete sich 1378 in blumigen Worten, dem König von Navarra zu dienen, doch fehlt die für englische Vereinbarungen typische Präzision.

> Ich gelobe und schwöre kraft dieses Briefes dem erhabenen und mächtigen Fürsten, dem König von Navarra, meinem gestrengen Herrn, dass ich ihm und seinen Kindern gut und treu dienen werde, in seinem Reich und in ganz Spanien,

solange ich zu genanntem Reich und zu Spanien gehöre, gegen alle und jegliche Personen gleich welchen Ranges, Standes oder Würde sie sind und sein werden, und ich werde seinen Leib und seine Ehre vor allem Bösen und aller Tücke bewahren, und wenn ich jemanden kenne, der solches zu begehen wünscht, werde ich es mit all meiner Macht verhindern und den König, meinen besagten Herrn, unmittelbar und unverzüglich unterrichten, und werde seine Geheimnisse hüten und wahren, ohne sie irgendwie zu enthüllen, und werde in seinem Krieg ausharren, solange er dauern mag.

Die *condotta* war die in Italien übliche Vertragsform; der Begriff *condottieri*, den man dort oft für die Kämpfenden gebrauchte, bedeutet einfach ‚Vertragsleute'. Diese Verträge liefen oft über relativ kurze Zeiträume von vier bis sechs Monaten, aber John Hawkwood schloss mit Florenz vier Einjahresverträge und einen zu acht Monaten, dazu mehrere über sechs Monate.

Lohn

Die Bezahlung, die Sie erhalten, ist meistens nicht so sehr als Lohn gedacht, sondern vielmehr als Aufwandsentschädigung. Bei Ausbruch des Krieges mit Frankreich im Jahr 1337 bot Edward II. allerdings denen, die zum Kampf in Übersee bereit waren, doppelten Lohn, doch das konnte er sich nicht lange leisten, sondern kehrte zu den üblichen zwei Shilling pro Tag je Ritter und der Hälfte für Knappen zurück. In Frankreich pendelten sich ab der Mitte des 14. Jahrhunderts die Löhne bei 20 Turnoser Groschen (*sous tournois*) pro Tag für einen Ritter und zehn für einen Knappen ein.

Falls Sie knapp bei Kasse sind, sind Sie in Italien vielleicht besser aufgehoben; dort können Söldnertruppen nach dem Gesetz von Angebot und Nachfrage manchmal richtig gute Geschäfte machen. Im Schnitt konnte dort ein einfacher Panzerreiter mit Beipferd um die Mitte des 14. Jahrhunderts neun Gulden im Monat verdienen. Im Fall

Für den Krieg braucht man Geld. Es gibt viele verschiedene Gold- und Silbermünzen. Die unten abgebildeten stammen alle von der französischen Krone.

akuter militärischer Bedrohungen kann der Lohn aber rasch auf elf oder gar 15 Florin steigen, etwa wenn ein deutscher König die Alpen überschreitet. Zudem gibt es umfangreiche Provisionen bei der Anwerbung und Prämienzahlungen bei militärischen Erfolgen. Wirklich lohnend ist es, im Gefolge eines berühmten Anführers mitzureiten, der für sich und seine Leute besonders günstige Vertragsabschlüsse herausschlagen kann. Inzwischen kann das Lohnniveau in Italien aber mit der Entwicklung nördlich der Alpen nicht mehr mithalten. Der Deutsche Orden zahlt etwa im Kampf mit Polen und Litauen fast den doppelten Sold wie die italienischen Stadtherren. Die Zahl der ausländischen Ritter in der Lombardei ist folglich beträchtlich zusammengeschmolzen.

- Tipp: Auch ein Söldner kann seine Gewinnspanne erhöhen, wenn er an Qualität spart. Aber Vorsicht: Die Italiener prüfen sehr genau die Güte von Pferden und Ausrüstung.
- Nicht nur die Soldhöhe schwankt! Im Krieg bekommt man zwar mehr bezahlt, aber auch Lebensmittel kosten ein Mehrfaches. Und: Je mehr Kameraden vor Ort sind, desto größer die Nachfrage, desto höher die Preise.
- Es macht einen großen Unterschied, ob Sie als „Helm" oder „Lanze" engagiert werden. Die Lanze nämlich umfasst drei Kämpfer, einen schwer bewaffneten Korporal, einen leichten Reiter und einen Pagen. Den vereinbarten Lohn müssen sie unter sich aufteilen. Die Italiener haben auf diese Weise die Preise deutlich nach unten gedrückt.
- Der Monatslohn von neun Floren entspricht dem Einkommen eines

Handwerksmeisters und ist dreimal so viel, wie ein Scherge im Kerker oder ein einheimischer Fußkämpfer erhält. Selbst ein Rechtsprofessor an der berühmten Universität von Bologna erhält kaum mehr, aber diese geistlichen Herren leben ohnehin eher bescheiden.

- Natürlich sind es auch die kleinen Gesten des Lobes, die dem treuen Gefolgsmann als Lohn zu entrichten sind. So soll König Ludwig der Bayer nach der siegreichen Schlacht bei Mühldorf seinen tapferen Mitstreiter, den alten Ritter Seyfried Schweppermann, bei der Verteilung des Abendmahles besonders geehrt haben: „Jedem Mann ein Ei, und dem braven Schweppermann zwei", soll der König gerufen haben. Wenn auch vielleicht gut erfunden, kann ein geschickter Anführer aus dieser Geschichte dennoch lernen, dass es oft die kleinen Dinge sind, die seine Gefolgsleute glücklich machen.

Entschädigung für verlorene Pferde

1343 sah sich Pedro IV. von Aragon in Barcelona mit wütenden Kämpfern konfrontiert. Sie verlangten ihren Lohn und dazu Ausgleich für Pferde, die sie auf Feldzügen verloren hatten. Pedro sagte ihnen, die Lohnforderung könne er erfüllen, aber für verlorene Pferde habe er keine Zahlung vereinbart. Daraufhin gab es ‚viel Streit und viele Worte', und die Männer bekamen zu hören, sie könnten das Heer auch verlassen, wenn sie wollten.

Ihr Pferd ist eine große Investition, und da überrascht es kaum, dass Ritter eine Form von Absicherung haben wollen, falls es im Kampf getötet wird oder während des Feldzugs eingeht. Die Schlacht von Crécy ergab eine riesige Rechnung an die französische Krone wegen verlorener Pferde. Ausgleichszahlungen sind nicht nur teuer, sondern auch ein bürokratischer Aufwand. Der Wert der Pferde muss ermittelt werden, und zur Vorbeugung gegen Betrug sind Kontrollen nötig. Da wundert es nicht, dass die englische und französische Regierung in den 1370er-Jahren von diesen Zahlungen abkamen. Ende des 14. Jahrhunderts müssen Sie in Frankreich also schon Glück haben, wenn Sie erfolgreich Entschädigungen für verlorene Pferde geltend machen. In Italien verneinte der Jurist Giovanni da Lagnano zwar die Zahlungspflicht des Kriegsherren, empfahl aber, um Streit zu vermeiden, dennoch Ersatzzahlungen. Allerdings müssen Sie Ihre Ansprüche dort fristgerecht anmelden und überdies beweisen, dass der Kadaver tatsächlich einmal Ihr stolzer Streithengst gewesen ist.

Hätten Sie's gewusst?

- 1346 begnadigte Edward III. 1800 Straftäter als Lohn für ihren Kriegsdienst. William Lovel, ein Ritter, fand Vergebung für jede Art Mord und Totschlag, Schwerverbrechen, Räubereien, Übertretungen und Gesetzlosigkeiten.

- Der Rechtstheoretiker Honoré Bouvet ist der Ansicht, dass ein Ritter, der nach drei Monaten das Heer verlässt, aber ein Jahr zu dienen versprochen hat, keinen Lohn erhalten sollte.

- Die Militärlaufbahn des englischen Ritters Thomas Ughtred erreichte die eindrucksvolle Länge von 46 Jahren: von 1314 bis 1360.

- Charles V. von Frankreich rekrutierte 1386 ungefähr 15 000 Ritter und Waffenknechte.

- 1339 hatte John Charnels für den Verlust von 15 Pferden Anspruch auf eine Entschädigung von 350 Pfund, 13 Shilling und vier Pence.

VII Turnier und Tjost

Es ist eine anerkannte Regel in diesem Spiel, dass, wer am meisten verliert und am häufigsten aus dem Sattel gehoben wird, als der Kühnste und der Stärkere gilt.
Vita Edwardi Secundi (1307)

Turniere und Tjoste sind die großen Feierstunden des Rittertums. Diese Anlässe bieten Ihnen Gelegenheit, Ihr Können im Waffengebrauch zu beweisen. Geoffroi de Charny mag ja erklären, dass die größte Ehre auf dem Schlachtfeld zu gewinnen ist, aber Schlachten sind eigentlich eher selten und Ihre Taten bleiben in all dem Chaos und Durcheinander womöglich unbemerkt.

Sie werden feststellen, dass es viel befriedigender ist, wenn Sie sich in Turnieren und Tjosten hervortun. Selbst wenn Sie nicht gewinnen, können Sie sich den Ruf erwerben, mutig und kühn zu sein, während Sie vom Pferd gestoßen werden.

Ihre Tour über die Turnierplätze mit Erfolg zu machen, erfordert beträchtliche Ausgaben, wie de Charny einräumt, denn Sie werden eine gute Ausrüstung brauchen. Hart müssen Sie sein, stark und gewandt, und wenn Sie es gut machen, gewinnen Sie großes Ansehen. Niemand kann sich vorstellen, dass es jemals möglich sein wird, solchen Ruhm in irgendeiner anderen Sportart zu erringen, sagen wir, Fußball (ein Bauernspiel).

Turniere

Die Turniere sind nicht mehr, was sie einmal waren. Im 12. Jahrhundert nahmen sie in vielen Fällen das Ausmaß arrangierter Schlachten an. Am Anfang stand eine geschlossene Attacke, gefolgt von einem Handgemenge. Große Teilnehmerzahlen, die vielleicht sogar bis zu

Tjostierende Ritter; aus einer englischen Handschrift. Ihre Schilde und Helme folgen der letzten Mode, und ihre Pferde sind voll gedeckt und tragen ihre Wappen.

3000 betrugen, wurden erreicht; man konnte Ritter gefangennehmen und gegen Lösegeld freigeben, Pferde als Beute nehmen. Der Kampf war erbittert und erstreckte sich über weite Landstriche. Noch immer finden Turniere statt, und gekämpft wird zwischen Ritterscharen, nicht zwischen einzelnen, aber die Zahlen sind nicht so hoch wie früher, und normalerweise spielt sich der Wettstreit in einem begrenzten Gebiet ab. Es gibt verschiedene Methoden, den Kampf bei einem Turnier zu organisieren. Beispielsweise können Sie eine eigens erbaute Burg aus Holz vorfinden, die die eine Gruppe verteidigen muss.

Wenn Sie mittendrin stecken, kommt es Ihnen vielleicht so vor, als gäbe es wenige Unterschiede zwischen einem Turnier und einer Schlacht, aber weil vermutlich keine Infanterie beteiligt ist, sollten Sie keine Angst vor diesen schrecklichen Pfeilen haben müssen. Die Wahrscheinlichkeit, dass Sie in einem Turnier getötet werden, ist nicht so hoch wie in einer Schlacht, und falls Sie zur unterlegenen Seite gehören, müssen Sie nicht unbedingt ein Lösegeld zahlen. Turniere können als Übung für den Krieg wertvoll sein, auch wenn Sie eine etwas andere Ausrüstung benutzen.

Rund um das Turnier gibt es viele Formalitäten. Ehe der Kampf beginnt, muss einiges geschehen:
- Das Ereignis muss bekannt gemacht und beworben werden, und Schiedsrichter werden bestimmt.
- Banner, Helme und Helmzier der Teilnehmer sollten öffentlich ausgestellt werden.
- Die beiden Kampfparteien müssen so zusammengestellt werden, dass sie gleich stark sind.

Während der beiden Tage, die dem eigentlichen Wettstreit vorausgehen, gibt es Feiern mit vielen Tänzen und Trinkgelagen, dazu einen Umzug der Teilnehmer.

Endlich, am dritten Tag, findet der Kampf statt. Die beiden Parteien werden in mit Seilen abgesperrten Bereichen festgehalten; auf das Signal hin zerschneidet man die Seile, und der Zusammenstoß beginnt. Mit viel Geschrei feuern die Zuschauer ihre Favoriten an, und Trompeten schmettern. Während das Handgemenge sich hinzieht, stürzen

Bei Turnieren geht es nicht nur ums Kämpfen. Auch das Sichzeigen und das Zeremoniell sind wichtig. Hier hält ein Herold die Banner einiger Teilnehmer.

Pagen dazwischen, um die Gestürzten aufzuheben und ihnen wieder in den Sattel zu helfen.

> Dort sieht man, wer tjostieren, reiten kann,
> Dort splittern Schäfte an den dicken Schilden,
> Weg springen, zwanzig Fuß hoch, Speere in die Luft,
> Heraus fährt, hell wie Silber, nun das Schwert,
> Sie hacken auf den Helm, ihn zu zerspalten.
> Blut bricht hervor in dichten roten Strömen.

Zuletzt entscheiden die Richter, dass die Zeit abgelaufen ist. Die Trompeten blasen zum Rückzug. Am Abend gibt es weitere Feiern, wenn die Preise verliehen werden, zum Beispiel für:
- den allerbesten Schlag oder Stich (für den ‚Man of the Match' sozusagen)
- die meisten gebrochenen Lanzen,
- den, der seinen Helm am längsten aufbehalten hat.

Es gibt verschiedene Formen von Scheingefechten wie den Buhurt, bei dem man leichtere, stumpfe Waffen einsetzt und relativ dünne Panzerung trägt, meistens aus Leder. Sie sind weniger ernsthafte Anlässe als echte Turniere, aber sie bieten Ihnen gute Gelegenheiten, Ihre Fähigkeiten zu üben.

Tjoste

Der Tjost ist ein Einzelgefecht zwischen zwei Rittern; er ist nicht Teil eines Turniers und unterscheidet sich markant von ihm. Oft vereinbart man, dass es drei Runden gibt; die beiden Männer reiten aufeinander zu, suchen am anderen auf ihrer linken Seite vorbeizukommen und ihn dabei mit der Lanze zu treffen. Dieser Wettkampf begann sich im 13. Jahrhundert durchzusetzen; häufig wird tjostiert, bevor das eigentliche Turnier beginnt, und zwar oft am Vortag. Der Tjost wird in jüngster Zeit in zwei Varianten ausgetragen: Als „Gestech" mit stumpfer Lanze und risikoreicher als „Rennen" mit scharfer Lanzenspitze.

Ein besonders berühmter Tjostierer der Vergangenheit war der deutsche Ritter Ulrich von Liechtenstein, der seine Erlebnisse in Verse fasste. Ulrich war auch darin die Ausnahme, dass er gern Frauenkleider anzog, und er beschreibt eine Reise, die er nach einem solchen Crossdressing als Göttin Venus verkleidet zurücklegte. Unterwegs nahm er an zahllosen Tjosten und Turnieren teil, alles der unerwiderten Liebe zu seiner Herrin wegen.

> So war gekleidet mir der Leib
> In Frauenkleider; wie ein Weib
> Bedeckte mich ein teurer Hut
> Mit Pfauenfedern schön und gut.

Der Ritter zur Linken wird aus diesem Gang viele Punkte mitnehmen.
Er hat seinen Gegner geworfen und die eigene Lanze gebrochen. Die Barriere,
die man hier zwischen den Kämpfern sieht, ist vor einigen Jahren in Spanien
aufgekommen.

Auch in anderer Hinsicht war Ulrich exzentrisch. Bei einer Gelegenheit bestellte er sogar ein Bad, in dessen Verlauf zwei Pagen ihn mit Rosenblättern überschütteten, eine Erfahrung, die er sonderbarerweise genossen zu haben scheint. Wenn Sie vorhaben, unter Pseudonym an Turnieren teilzunehmen, dann wäre Ulrichs eine gute Wahl, aber vielleicht sollten Sie besser behaupten, Sie kämen aus Geldern, nicht aus der Steiermark, seiner wahren Heimat.

Wenn Sie ein gewandter Tjostierer werden wollen, gibt es eine Menge Techniken zu meistern. Die richtige Kontrolle über Ihr Pferd ist wichtig, aber das ist gar nicht so einfach, weil Sie gleichzeitig noch an so viele andere Dinge denken müssen. Sie haben darauf zu achten, dass Ihr Pferd eine gerade Strecke zurücklegt und nicht vom Weg ab-

Linke Seite: Tjostierende Ritter; aus einer englischen Handschrift.
Ihre Schilde und Helme folgen der letzten Mode, und ihre Pferde sind
voll gedeckt und tragen ihre Wappen.

kommt oder gar vor dem anderen Tjostierer die Bahn kreuzt. In Spanien baut man inzwischen eine Barriere zwischen den beiden Tjostierern auf, um das zu verhindern, aber bisher hat niemand die Idee gehabt, das in Frankreich und England einzuführen.

Widerstehen Sie der Versuchung, den anderen mit einer übergroßen Lanze zu imponieren. Wenn Sie mit einer schweren Lanze einen niedrigen Treffer landen und Ihr Gegner Sie mit einer leichteren weiter oben trifft, wirft er Sie aus dem Sattel. Eine mittelgroße, gut hand zu habende Lanze ist viel besser als ein Riesending, das Sie aus der Balance bringt und aus dem Sattel zieht. Auch Ihr Pferd geht viel besser unter einer leichteren Lanze. Überlegen Sie, was Ihr Gegner gerade macht, und passen Sie dem Ihre eigene Taktik an. Es ist verlockend, kurz vor dem Moment des Aufpralls die Augen zu schließen. Tun Sie es nicht. Achten Sie darauf, die Schulter nicht zur Seite wegzudrehen; Edward Beauchamp beging diesen Fehler 1381 in einem Tjost und wurde daraufhin vom Pferd gestoßen.

Ulrich von Liechtenstein war in Tjosttechnik versiert. Er schrieb über einen seiner Gänge einen aufschneiderischen Bericht:

> Ich lenkt mein Ross zur Seite sacht
> (den Mann zu fällen stets bedacht),
> dann trieb ich's grade auf ihn los.
> Am Kragen traf mein Lanzenstoß,
> Weshalb Herr Otte um ein Haar,
> Der stolze, aus dem Sattel war.

Ein gutes Beispiel für das Tjostieren ist die denkwürdige Serie von Begegnungen, die sich im Jahr 1390 einen Monat lang vor dem damals wie heute englisch besetzten Calais hinzog. Lassen Sie sich auf nichts dergleichen ein, wenn Sie kein Experte sind.

Drei Franzosen – Boucicaut, Renaud de Roye und der Herr von Sempy – schlugen ihr Lager bei St. Inglevert auf und verkündeten, sie seien bereit, mit jedem zu kämpfen, der ihre Herausforderung annehme. Zwei Schilde wurden angebracht, von denen der eine für einen

Ulrich von Liechtenstein schrieb ein autobiographisches Werk, den *Frauendienst*, in dem er seine Abenteuer als Teilnehmer an zahlreichen Turnieren beschrieb, die er als Venus gekleidet besuchte. Auf diesem Bild reitet er ein Pferd mit prächtiger Schabracke und die Göttin bildet seine – ziemlich unpraktische – Helmzier.

Der Tjost von St. Inglevert (aus einer Handschrift von Froissarts *Chroniken*). 1390 schlugen drei französische Ritter, darunter Boucicaut, in St. Inglevert bei Calais ihr Lager auf und forderten alle Vorbeikommenden auf, mit ihnen zu tjostieren. Ungefähr 100 Engländer nahmen die Herausforderung an; in den meisten Fällen siegten die französischen Ritter.

Checkliste Tjostieren

- Reiten Sie aufrecht, lassen Sie den Steigbügel lang und die Zügel in der linken Hand.
- Nehmen Sie eine Lanze von vernünftigem Gewicht.
- Stellen Sie sicher, dass Ihr Helm gerade sitzt und Sie freie Sicht haben.
- Halten Sie die Lanze in der Handfläche, nicht nur mit Ihren Fingern.
- Die Lanzenspitze darf nicht nach oben oder unten gekippt sein.
- Verkanten und drehen Sie Ihre Schultern nicht.
- Sollte Ihr Gegner immer auf dieselbe Stelle zielen, variieren Sie Ihre eigene Taktik.
- Halten Sie das Ziel fest im Blick, nicht Ihre Lanzenspitze.

Punktwertung

Die Punktesysteme sind kompliziert und wechseln von einer Veranstaltung zur anderen. Beim Tjost bringt es normalerweise Höchstpunkte, Ihren Gegner aus dem Sattel zu heben; Ihre eigene Lanze zu brechen ist die zweitbeste Aktion; ihn auf den Helm zu schlagen, kommt an dritter Stelle. Der höchste Preis im Turnier für den ‚Mann des Tages' geht an den Ritter, der sich am meisten hervorgetan hat, und darüber können die Ansichten durchaus weit auseinandergehen. Es wäre etwa möglich, dass jemand, der mehrmals vom Pferd gestoßen wurde, besondere Tapferkeit gezeigt hat und deswegen hohen Lohn verdient.

Kriegstjost und der andere für einen Friedenstjost (mit stumpfen Waffen) stand. Herausforderer mussten heranreiten und auf einen der Schilde schlagen. Dies geschah während eines Waffenstillstandes; die Angelegenheit war halb Sportereignis, halb Kampfhandlung. An die hundert englische Herausforderer erschienen und wählten durchweg den Kriegstjost. Manche zweifelten, dass die drei Franzosen stark genug waren; so oft zu kämpfen, würde große Ausdauer verlangen. Wie sich erwies, wurden Boucicaut und Roye im Lauf ihrer Tjoste so übel zugerichtet, dass sie sich über eine Woche lang pflegen mussten.

Eine besonders dramatische Begegnung war die zwischen John Clifton und Renaud de Roye:
- Runde 1: Jeder trifft den anderen auf den Helm.
- Runde 2: Jeder trifft den Schild des anderen; beide lassen ihre Lanzen fallen.
- Runde 3: Jeder trifft den anderen hoch oben am Helm, dass die Funken sprühen.
- Runde 4: Die Pferde laufen nicht geradeaus.
- Runde 5: Beide brechen ihre Lanzen.
- Runde 6: Jeder trifft den anderen auf den Helm; beide Helme fallen dabei ab.

Eine Regel, wie bei Gleichstand die Entscheidung fallen sollte, gab es nicht, und die zwei Ritter wurden für ihre Leistungen hoch gelobt.

Die Tjoste in St. Inglevert waren begleitet von großen Gelagen und vielen Feiern; es war auch ein gesellschaftlicher Anlass, nicht nur die ultimative Probe auf Geschicklichkeit und Ausdauer.

Kampf mit verschiedenen Waffen

Ende des 14. Jahrhunderts schlossen Herausforderungen zum Zweikampf nicht nur den Tjost zu Pferde ein, sondern eine breite Spannweite militärischer Handlungen, vor allem den Kampf mit Schwert, Axt und Dolch. Die Deutschen pflegen die Spezialität des Kolbenturniers, bei dem man sich mit hölzernen Schlegeln gegenseitig den Harnisch zerbeult. Heutzutage geht ein Kampf oft über vier Runden, in denen jeweils eine unterschiedliche Waffe verwendet wird. 1377 fand ein Turnier zwischen zwölf Rittern aus England und dem Hennegau sowie 14 aus Frankreich an drei Schauplätzen statt, in St. Omer, Ardres und Calais. Es sollte getrennte Runden im Sattel geben sowie zu Fuß mit Lanze, Schwert und Dolch. Vielleicht lockt es Sie, an einem Ereignis teilzunehmen, das Ihre Waffenkunst aufs höchste herausfordert, aber seien Sie auf der Hut. Diese Art Kämpfe kann gefährlich werden, und vielleicht kommt es deswegen, dass Herausforderungen oft in endlosen Streitereien enden statt in einem echten Zusammenstoß.

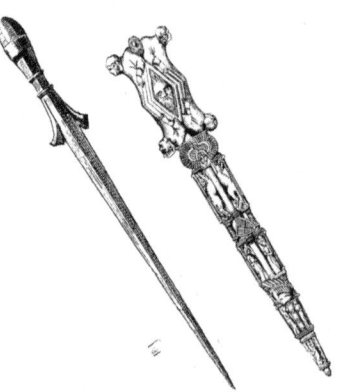

Gehen Sie auf jeden Fall gut gerüstet zum Turnier: Vielleicht müssen Sie außer mit Schwert und Lanze auch mit dem Dolch kämpfen.

Heute wird es immer üblicher, dass Ritter einander zum Fußkampf herausfordern, wie es dem wirklichen Kriegsgeschehen entspricht. Eine Vielzahl von Waffen kann eingesetzt werden; die Abbildung zeigt Ritter beim Kampf mit Streitäxten.

1400 richtete ein Aragoneser Knappe, Miguel d'Orris, eine Herausforderung an die Ritter Englands. Er hatte gelobt, eine unbequeme Rüstung zu tragen, bis er mit einem englischen Ritter gekämpft habe. Die Kampfbedingungen legte er genau fest.

> Zehn Hiebe mit der Streitaxt, ohne Pause; und wenn die Hiebe ausgeteilt sind und der Richter ruft „Ho!", zehn Schwertstreiche, auszuteilen ohne Pause oder Wechsel der Rüstung. Wenn der Richter ruft „Ho!", greifen wir zu den Dolchen und stechen zehnmal mit ihnen zu. Sollte eine Partei ihre Waffe verlieren oder fallen lassen, darf die andere weitermachen, bis der Richter ruft „Ho!".

Nach dem Kampf zu Fuß sollten die beiden Gegner so lange tjostieren, bis einer fiel oder so schwer verwundet war, dass er nicht weitermachen konnte. John Prendergast nahm die Herausforderung an; da es aber keine Post gab, verzögerten sich die Briefe, und es kam zum Streit.

„Ich halte Euer Benehmen für sehr unhöflich und eines Edelmanns unwürdig", schrieb d'Orris. Schließlich verlangte Prendergast 333 Pfund Unkosten von dem Aragonesen zurück, und etwa vier Jahre nach der ursprünglichen Herausforderung ließ man die Sache auf sich beruhen. Ein Kampf hat nie stattgefunden. Auf so ein Gezänk sollte man sich gar nicht erst einlassen.

Schauspiel und Propaganda

Turniere werden gelegentlich von Fürsten und Päpsten missbilligt; man kann sie je nachdem als eine gefährliche Ablenkung vom Wesentlichen betrachten. Das ist heute die Ansicht des englischen Königs Henry V. Selbst Edward I., in jungen Jahren ein eifriger Turniergänger, verbot sie, da er der Ansicht war, sie hielten Ritter von seinem Krieg gegen die Schotten fern. Doch es war unmöglich, so populäre Schauspiele zu verhindern, und 1316 gab die päpstliche Kurie ihre Versuche auf und zog ihre Einwände zurück. 1338 verbot König Philippe IV. von Frankreich alle Turniere während des Krieges mit den Engländern, aber auf der anderen Seite gab Edward III. ihnen seine volle Unterstützung. Er sah in ihnen ein Mittel, Ritter und Adlige für seine eigenen Unternehmungen zu begeistern. Alfonso XI. von Kastilien war ein weiterer Turnierenthusiast und betrachtete sie als nützliches Kriegsspiel; bei jeder Versammlung seines Ritterordens vom Band sollte ein Turnier stattfinden.
Viele Turniere weisen ein deutliches Schauspielelement auf:
- 1331 wurde in Londons Stadtteil Cheapside ein Turnier gehalten, das mit einem Umzug begann, in dessen Verlauf Mädchen als Tataren verkleidete Ritter durch die Straßen führten.
- 1359 schlüpften Edward III. und seine Söhne zusammen mit einer Anzahl Adliger während eines Turniers in die Rolle des Londoner Bürgermeisters und seiner Ratsherren.
- 1362 tjostierten bei einem Turnier in Cheapside sieben Ritter, kostümiert als die Sieben Todsünden, gegen alle Herausforderer.

Die Mode, Turniere mit mythologischen oder historischen Themen zu veranstalten, kommt wahrscheinlich aus den Niederlanden, wo sie sich

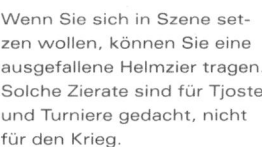

Wenn Sie sich in Szene setzen wollen, können Sie eine ausgefallene Helmzier tragen. Solche Zierate sind für Tjoste und Turniere gedacht, nicht für den Krieg.

als Volksfeste entwickelten. Sollten Sie jedoch ein als ‚Tafelrunde' angekündigtes Ereignis besuchen, stellen Sie wahrscheinlich fest, dass man Szenen aus der Artuslegende nachspielt. Besonders bei diesen sind das Trinken und Tanzen viel wichtiger als der Kampf. Show und Bühnenelemente scheinen den Sport immer mehr zurückzudrängen, und womöglich zahlen Sie mehr für Kostüme als für solide Ausrüstung.

Mit Turnieren feiert man auch hohe Festtage in Königshäusern. Die Ankunft Königin Isabellas von Bayern in Paris 1389 wurde unter großem Prunk und durch ein Turnier mit 60 teilnehmenden Rittern begangen. Leider wirbelten die Pferdehufe so viel Staub auf, dass es schwer war, etwas zu sehen, selbst als man für die Feiern am zweiten Tag Wasser versprengte. Der Schlussakt immerhin war geglückter, denn er fand unter Dach statt, in einer eigens errichteten großen Halle. Dort unterhielten Boucicaut und andere Ritter die Damen, indem sie zwei Stunden lang tjostierten.

Preise

Erwarten Sie lieber nicht zu viel als Gewinn im Turnier, außer Ruhm und, wenn Sie richtig Glück haben, die Hand einer schönen Jungfrau. Eventuell bekommen Sie einen Titel. Giles von Argentein wurde dank einem seiner vielen Turniererfolge der Ritter vom Grünwald; später stufte man ihn als den drittbesten Ritter der ganzen Christenheit ein. Belegt als Preise sind unter anderem:
- London 1390: ein Horn mit Goldbeschlägen; ein Jagdhund mit goldenem Halsband; ein goldener Stirnreif; ein goldener Gürtel.

Es ist wichtig, dass Sie bei einem Turnier auf Hochglanz poliert erscheinen – das ist die ideale Gelegenheit, Jungfrauen zu beeindrucken.

- Florenz 1406: ein versilberter Löwe und ein Samthut; ein Helm mit silbernem Drachenkopf; ein Tjostierhelm mit zwei Flügeln und buntem Federschmuck.

Pferde können Sie auch gewinnen, allerdings nicht als Hauptpreise. Wenn Sie es schaffen, Ihren Gegner so zu treffen, dass er vollständig vom Pferd fällt, gehört das Tier Ihnen. Auch wenn Sie ein unzulässiger Schlag trifft, können Sie Anspruch auf das Pferd Ihres Gegners erheben. Was passiert, wenn sowohl Sie als auch Ihr Gegner zu Fall kommen, ist nicht geregelt und bleibt also strittig.

Seien Sie vorsichtig

Selbst wenn bei vielen Turnieren die Feierlichkeiten wichtiger sind als das Kämpfen – Sie müssen dennoch auf der Hut sein. Lanzen sind gefährlich, und es kann tragisch enden. Lassen Sie sich die folgenden Vorfälle eine Warnung sein:
- John Mortimer kam 1318 in einem Turnier ums Leben.
- 1344 starb Raoul, Graf von Eu und Konnetabel von Frankreich, nach einem Lanzenstoß bei den Tjosten, mit denen die Hochzeit Philippes VI. gefeiert wurde.

- William Montague, Earl von Salisbury, tötete 1382 seinen eigenen Sohn bei einem Turnier.
- Das Turnier der vier deutschen Lande bei Darmstadt endete 1403 in einem Massaker, weil die Ritter aus Franken und Hessen sich im Vorfeld der Wegelagerei und der unstandesgemäßen Beteiligung an Handelsgeschäften vorwarfen. Am Ende blieben 17 Franken und neun Hessen tot auf dem Platz zurück, die Hessen haben seither Turnierverbot.

Aber nicht nur vor Lanzen müssen Sie sich vorsehen – auch in den Festlichkeiten, die Turniere begleiten, lauert Gefahr. Sogar Kostüme können zum Verhängnis werden. 1393 verkleideten sich der König von Frankreich und mehrere Höflinge als wilde Männer. Einer von ihnen fing versehentlich an einer Fackel Feuer, und in den Flammen kamen mehrere Menschen ums Leben. Sicherheit und Gesundheit am französischen Hof lassen zu wünschen übrig.

Hätten Sie's gewusst?

- Der König von Ungarn schenkte einem Ritter drei Dörfer als Entschädigung für drei Zähne, die er bei einem Tjost verloren hatte.

- König Johann von Böhmen soll sich seine zweite Frau deshalb ausgesucht haben, weil sie ihm so schöne Geschenke gab, wenn er Turniere gewann.

- Edward II. rief 500 edle Damen zusammen, damit sie 1342 einem Turnier in London beiwohnten.

- 1383 brach der Herzog von Savoyen bei einem Tjost 47 Lanzen.

- Wer sich in Deutschland beim Turnier danebenbenahm, der wurde zur Strafe der Rüstung beraubt und mitsamt seinem Sattel zum Spott der Zuschauer auf die Schranken gesetzt.

VIII Feldzüge

> Wenn wir auf unseren schnellen Streitrössern im Feld sind, unsere Schilde bis zum Hals und unsere Lanzen eingelegt, und die große Kälte uns alle taub macht, unsere Glieder uns vorn und hinten im Stich lassen und unsere Feinde sich nähern ...
>
> *The Vows of the Heron* (Mitte 14. Jahrhundert)

Die meiste Zeit über ist ein Feldzug kein Spaß; es ist ein hartes, unerbittliches Sichabquälen. Sicher hoffen Sie darauf, dass es große, ritterliche Taten zu vollbringen gibt, aber nur zu oft reiten Sie durch eine verlassene Gegend und kommen mit dem Feind gar nicht in Berührung.

Wann man ins Feld zieht

Sie müssen zu jeder Jahreszeit auf einen Feldzug gerichtet sein, und wahrscheinlich haben Sie in dieser Frage nicht viel mitzureden. Offensichtlich ist es das Beste, aufzubrechen, wenn das Wetter schön ist und das Essen reichlich. Das bedeutet: im Spätsommer. Beachten Sie, dass die Engländer die Schlacht von Crécy an einem 26. August schlugen und die von Poitiers an einem 19. September. Doch nicht immer ist es möglich, die Dinge so praktisch einzurichten, und Sie können sich deutlich später im Jahr noch im Feld wiederfinden.

Herbstfeldzüge bedeuten besonders in Nordeuropa normalerweise Schlamm, weil Männer, Pferde und Karren die Felder zerwühlen. Mit dem Winter kommt der Schnee; auf Winterkampagnen im Ostseegebiet wird Ihnen bitterkalt werden. Weniger gerechnet hatte man mit dem Schnee im Februar 1339 in der Lombardei, als die Schlacht bei Parabiago stattfand. Der Frühling bringt zwar besseres Feldzugswetter, aber das Essen ist knapp. In Norditalien bedeutet die Schneeschmelze in den Alpen Flüsse, die über die Ufer treten, womit das Leben für Heere auf dem Marsch schwieriger wird. Der Sommer ist für Feldzüge die beste Zeit, kann aber sehr heiß werden, besonders in Südeuropa.

Sie können – und sollten vielleicht – den Feldzugstermin durch wissenschaftliche Methoden ermitteln. Als John Hawkwoods Männer morgens um halb fünf am 11. Januar 1391 aus Padua marschierten, ging diese exakte Zeit auf den Rat von Hawkwoods Astrologen Alessio Nicolai zurück.

Wenn eine Armee sich versammelt, gibt es eine Menge zu tun. Listen, welcher Mann zu welchem Kontingent gehört, müssen erstellt werden, und in manchen Fällen muss man noch die Vereinbarungen über den Sold endgültig abschließen. Es gibt Debatten darüber, wer in welchem der Hauptbataillone des Heeres dienen soll und wie die Schlachtordnung aussehen wird. Eine Heerschau dauert mehrere Tage, in denen die Truppen nach und nach eintreffen. Das Warten kann quälend sein, und es ist eher unwahrscheinlich, dass Sie irgendwelche Trainingsangebote zum Zeitvertreib vorfinden.

Das Lager

Wenn Sie Vegetius' Buch zur Kriegskunst lesen, entdecken Sie, wie hoch organisiert die Römer mit ihren Lagern waren, die durchweg mit Bedacht geplant und aufgeschlagen wurden. Sie werden feststellen, dass heute nichts dergleichen vor sich geht. Wenn das Heer marschiert, werden Boten vorausgeschickt, um passende Unterkünfte zu finden. Falls Sie Glück haben, gibt es eine Stadt oder ein Dorf, wo man Häuser für die Armee beschlagnahmen kann. Der Marschall hat die Aufgabe, festzulegen, wer wohin gehen soll, aber leider gilt nur zu oft die Devise

„Wer zuerst kommt, mahlt zuerst." Dass es genug Zelte für alle gibt, ist ganz ausgeschlossen. Chaucer beschrieb Sir Topaz in diesen Worten:

> Und weil er fahrender Ritter war,
> Wollte er in keinem Haus schlafen,
> Sondern legte sich in seiner Kapuze hin;
> Sein glänzender Helm war sein Kissen,
> Und neben ihm graste sein Streitross
> Feine und gute Kräuter.

Auf dem englischen Feldzug gegen die Schotten von 1327 mussten Ritter wie einfache Soldaten im Freien schlafen, nahe am Fluss Tyne,

Die Vorgesetzten bekommen aufwendige Zelte, während die einfachen Soldaten sich mit primitiven Unterkünften begnügen, wie es dieser Ausschnitt eines Freskos aus Siena zeigt.

Wenn der Feind in ein Lager einbricht, bieten Zelte keinen Schutz und lassen sich leicht zum Zusammenbruch bringen.

und dabei die Zügel ihrer Pferde festhalten. Anders kann es aussehen, wenn Sie Teil einer sehr großen, langsam vorrückenden Armee sind, denn dann sollte es möglich sein, die Zelte und das sonstige Gepäck zu verwenden, das der Tross transportiert. Der *Song of Caerlaverock* beschreibt das Lager der englischen Expeditionsarmee des Jahres 1300 in Schottland:

> Wir wurden durch den Marschall auf die Quartiere verteilt, und da waren Häuser zu sehen, die ohne Zimmerleute oder Maurer erbaut waren, in vielen verschiedenen Bauarten, und manch eine Leine wurde gespannt, mit weißem und buntem Tuch, mit vielen Pflöcken in den Boden getrieben, manch großer Baum niedergehauen, um Hütten zu bauen, und Blätter, Gras und Blumen in den Wäldern gesammelt, die drinnen ausgestreut wurden; und dann bezogen unsere Leute ihre Quartiere.

Rechnungen zeigen, dass der König, Edward I., ein großes Zelt aus Leder und 20 neue Leinenzelte für den Feldzug besaß; das klingt alles ganz attraktiv. Doch die Wirklichkeit kann ganz schön unbequem aussehen. Vernünftige Latrinen werden Sie kaum finden. Wenn es regnet, tropft es sogar im prächtigsten Zelt.

Auf dem Marsch

Die Prozeduren zur Vorbereitung auf den Marsch sind normalerweise folgende:
- Die Banner werden nach draußen getragen und aufgepflanzt, sodass jeder weiß, wohin er gehen muss.
- Beim ersten Trompetenstoß müssen die Pferde von der Weide geholt, mit Hafer gefüttert und gesattelt werden.
- Beim zweiten Signal sollten Sie frühstücken.
- Beim dritten legen Sie Ihre Rüstung an und nehmen Ihre Waffen an sich.
- Besteigen Sie beim vierten Ihr Pferd und begeben Sie sich zum richtigen Banner. Dann ist Abmarsch.

Eine ausgewachsene Armee auf dem Marsch ist ein prächtiger Anblick. Das Bild des Aufbruchs, als Edward I. 1300 in den Südwesten Schottlands vorrückte, beschrieb ein Zeitgenosse, wiederum im *Song of Caerlaverock*:

> Am festgesetzten Tag war das ganze Heer bereit, und dann brach der gute König mit seinem Gefolge gegen die Schotten auf, nicht in Mantel und Überwurf, sondern auf kräftigen und teuren Streitrössern; und damit sie nicht überrascht werden konnten, gut und sicher bewaffnet. Viele reiche Schabracken gab es, aus bestickter Seide und Satin; manch schöner Wimpel war an eine Lanze genagelt und manches Banner wurde zur Schau getragen. Und in der Ferne hörte man den Lärm der wiehernden Pferde: Berge und Täler waren allerorten bedeckt mit Saumpferden und Vorratswagen und verpackten Zelten, kleinen und großen.

Wahrscheinlich stellen Sie fest, dass das Heer nicht besonders gut durchorganisiert ist und Sie nicht allesamt in festgelegter Ordnung marschieren. Trotzdem sollte es eine Vorhut, ein Gros der Armee und eine Nachhut geben. Späher müssen vorausgesandt werden, um das Land auszukundschaften. In der Praxis kann es gut sein, dass die verschiede-

Ein Heer auf dem Marsch. Die Marschkolonne kann sich viele Kilometer lang auseinanderziehen.

nen Marschkolonnen unterschiedliche Wege einschlagen und es eine Menge Nachzügler gibt. Die Kavallerie wird im Lauf des Tages die Infanterie abhängen und der Tross mit dem Marschgepäck weit hinterherhinken. Die ganze Armee verteilt sich dann über einen weiten Landstrich. Ein riesiges Heer, aufgefüllt durch große Infanteriemassen und behindert durch einen Gepäcktrain, bewegt sich träge. Die Armee Edwards III. brauchte einen Monat, um von Reims nach Calais zu kommen, und legte im Schnitt acht bis neun Kilometer am Tag zurück.

Ein berittener Streifzug, eine *chevauchée*, ist etwas anderes. Auf seinem Vorstoß von der Gascogne bis Narbonne im Jahr 1355 kam der Schwarze Prinz am Tag 40 Kilometer oder mehr voran. Ein schneller Ritt wird Sie erschöpfen, wie König Pedro IV. von Aragon 1364 feststellen musste:

> Als wir absaßen, klagten wir über den langen Tag, den wir verbracht hatten, denn wir waren den ganzen Tag nicht aus dem Sattel gekommen, sondern hatten im Sattel gegessen, wir und all unsere Leute. Und als wir abgestiegen waren, warfen wir uns auf ein Bett und klagten über die Mühen, die unsere Person ertragen hatte, und dass noch ein paar solcher Gewaltmärsche genug für uns wären.

Solche Feldzüge strapazieren die Pferde ebenso wie die Männer. Auf dem Streifzug des Schwarzen Prinzen von 1355 gab es kein Wasser zum Tränken, also tränkte man die Pferde aus Verzweiflung mit Wein. Am nächsten Tag taumelten sie herum und konnten die Hufe nicht sicher aufsetzen; viele gingen dadurch verloren.

Nahrung

Erwarten Sie bloß nicht, dass ein Feldzug eine Schlemmerreise ist. Was Ihnen wahrscheinlich unterkommt, ist mit den Worten des Spaniers Gutierre Diaz de Gamez „schimmliges Brot oder Zwieback, gekochtes oder auch rohes Fleisch; heute genug zu essen und morgen nichts, wenig oder gar kein Wein". Essen müssen Sie aber reichlich; Feldzüge sind Schwerstarbeit. Das Grundnahrungsmittel ist Brot aus grob vermahlenem Getreide. Wahrscheinlich bekommen Sie eine Art Eintopf, ebenfalls aus Getreide, nur diesmal gedünstet mit getrockneten Bohnen oder Erbsen. Was es an Fleisch und Fisch gibt, hängt hauptsächlich davon ab, was sich fangen lässt; Armeen ernähren sich aus dem Land, wo es geht. Die Schotten haben eine praktische Methode, mit erbeutetem Vieh umzugehen – sie häuten es und kochen das Fleisch anschließend in einem Beutel aus der Haut des Tieres.

Natürlich dürfen Sie niemals das örtliche Wasser trinken. Sie sind nicht daran gewöhnt, und wenn Sie es doch trinken, sind Sie so gut wie sicher am nächsten Tag sehr krank. Ein wichtiger Teil der Aufgabe, Vorräte für das Heer zu beschaffen, ist, dafür zu sorgen, dass es genug Wein und Bier gibt. Es kommt zur Katastrophe, falls das missglückt; als die englische Armee 1356 in Schottland nichts außer Regenwasser zu trinken hatte, musste der Feldzug abgebrochen werden. Die notwendige Menge an Getränken ist sehr beachtlich, denn Sie können damit rechnen, dass ein Mann rund eine Gallone (4,5 Liter) pro Tag braucht. Sich zu betrinken ist eine Methode, mit den Strapazen der Feldzüge fertigzuwerden.

Wenn Sie im Feld sind, können Sie große Probleme bekommen, falls der Feind merkt, was vor sich geht, und vor Ihrer Invasion das

Der Nachschub an Verpflegung ist entscheidend für den Erfolg jedes Feldzugs. Hier wird in einer Szene aus dem Luttrell-Psalter ein großes Gelage gerichtet, wie es etwa als Siegesfeier stattfinden könnte.

Land leer zurücklässt. Das macht das Leben für eine Armee sehr schwer; es heißt, dass alles, was die Engländer bei ihrem Einfall in Schottland 1322 fanden, eine einzige lahme Kuh war. Selbst wenn es reichlich zu essen gibt, soll ein Ritter genügsam leben. Marschall Boucicaut bestand auf folgenden Regeln:
- nur eine Sorte Fleisch,
- keine exotischen oder ausgefallenen Saucen,
- Wein nur mit Wasser verdünnt,
- Geschirr aus Zinn oder Holz, nicht aus Gold oder Silber.

Das ist eine Form von Lebensideal. Es kann gut sein, dass Sie der Ansicht sind, etwas Gutes verdient zu haben, wenn, sagen wir, Ihre Armee eine Stadt erobert und Sie feststellen, dass es eine Menge Essen gibt. Sie können Gewürze mitnehmen, um Ihren Speisezettel aufzubessern; als Henry Bolingbroke zum Kreuzzug aufbrach, gehörten zu seinem Gepäck Ingwer, Nelken, Kandiszucker, Muskatnuss, Pfeffer, Safran und Kümmelkörner. Allerdings ist es keine gute Sache, mit dem Essen zu wählerisch zu sein; machen Sie es nicht wie Gaston, der Graf von Foix, der nur Hähnchenflügel und -keulen aß.

Die Feldzugskost ist schlecht für Ihre Zähne. Das Brot enthält eine ganze Menge Steinstaub, weil das Mehl von Hand auf tragbaren Mühlen gemahlen worden ist, und beim Kauen schleifen Sie Ihre Backenzähne ab, bis sie ganz platt sind.

Das Land wird geplündert

Zu den Hauptwaffen, über die eine Armee verfügt, zählt die Verwüstung des Feindgebietes. Die *chevauchée* ist imstande, riesigen Schaden anzurichten. John Wingfield beschrieb den Raubzug des Schwarzen Prinzen von 1355 in einem Brief:

Und, Mylord, Ihr werdet gern hören, dass mein Herr die Grafschaft Armagnac verheert und dort mehrere ummauerte Städte genommen, verbrannt und zerstört hat, außer gewissen Städten, in die er Besatzungen gelegt hat. Dann ging er in die Vicomté Rivière und nahm eine gute Stadt namens Plaisance, die wichtigste Stadt der Gegend, und brannte sie nieder und verwüstete das umliegende Land.

Feuer ist eine wichtige Kriegswaffe. Zu einem normalen Feldzug gehören das Verwüsten der Felder und das Zerstören von Dörfern. Hier sieht man links einfache Soldaten, die mit ihren Fackeln Häuser anzünden. Die Ritter schauen solange in die andere Richtung.

Der Brief zählt noch eine lange Liste verbrannter und zerstörter Ortschaften auf. Eine Chronik meldet, dass im Lauf des Streifzuges des Schwarzen Prinzen elf größere Städte und 3700 Dörfer verheert wurden. Feuer ist das Hauptinstrument. Wie Henry V. sagt: „Krieg ohne Feuer ist wie Würste ohne Senf." Für Pedro IV. von Aragon war das Brennen eine normale Sache im Krieg, und er beschrieb das Vorrücken seiner Armee auf einem Feldzug in sehr schlichten Worten so:

> Wir schliefen zuerst in Murviedo, dann in Alcubles und verbrannten und verwüsteten unterwegs das Land des besagten Don Pedro. Und wir fanden es verlassen und brannten alles nieder.

Wahrscheinlich werden Sie feststellen, dass Sie das eigentliche Vernichtungswerk den gemeinen Soldaten überlassen können. Die Söldnerkompanien in Italien unterhalten sogar Verwüstungsspezialisten namens *guastatori*. 1371 führten die Söldner Lutz von Landau und Federigo von Brescia einen grausamen Streifzug durch, auf dem an die 2000 Häuser in Flammen aufgingen. In der Stadt Mugnano di Creta stand, nachdem sie sie angesteckt hatten, kein Haus mehr. Holzhäuser anzuzünden ist leicht, und selbst Steinbauten haben brennbare Holzböden und vielleicht auch Strohdächer.

Vieh kann man töten oder, was besser ist, stehlen. John Hawkwood soll 1385 auf einem einzigen Raubzug in Italien über 1200 Ochsen und mehr als 15 000 Schweine und Schafe erbeutet haben. Falls Sie Rinder und Schafe von den Gütern eines reichen Klosters holen, wird es sie wahrscheinlich zurückkaufen wollen, und anschließend können Sie wiederkommen und sie noch einmal wegtreiben.

Alle Einwohner zu töten ist eine schlechte Idee; Lösegeld zu fordern ist eine viel bessere. Sogar Bauern kann man für ihre Freiheit zahlen lassen. In einem Fall bekam Haneken Bongard 31 Gulden als Lösegeld für jeden Bauern, den er von den Gütern eines wohlhabenden Hospitals geholt hatte. Zu den wenigen, die Mitgefühl für das französische Landvolk zeigen, gehört der Chronist Jean de Venette:

Ritter und Waffenknechte greifen eine Gruppe Bauern an. Kriegsrecht und -gebräuche gewähren unbewaffneten Zivilisten kaum echten Schutz, und die Bauern haben unter der Hand der Soldaten oft schwer zu leiden.

Das einzige Verlangen der Adligen war, die Bauern zugrunde zu richten, sie sich zu Tode schuften zu lassen und ihnen keinen Schutz gegen ihre Feinde zu gewähren. So waren die unglücklichen Bauern von allen Seiten bedrängt, durch Freund und Feind gleichermaßen, und konnten ihre Weinberge und Felder nur bestellen, wenn sie beiden Seiten Tribut zahlten.

Sie denken vielleicht, dieses Verhalten widerspricht einigen der ritterlichen Ehrbegriffe, die Sie beim Ritterschlag übernommen haben. Im *Baum der Schlachten* bringt der Theoretiker Honoré Bouvet ein Argument vor, wieso die Armen nicht leiden sollen:

> Wenn ich entscheiden wollte, dass Ehre oder Tapferkeit darin läge, einen armen Unschuldigen anzugreifen, der nichts anderes im Kopf hat, als neben seinen Schafen im Feld oder unter einer Hecke oder im Gebüsch sein trockenes Brot zu essen, bei meiner Seele, ich könnte es nicht.

Bouvet beklagte, gegen die arbeitende Bevölkerung gerichtete Kriegführung widerspreche der Tradition des Rittertums, und Krieger sollten es sich zur Aufgabe machen, die Gerechtigkeit zu wahren und Witwen, Waisen und Arme zu schützen. In der Praxis zerbrechen Sie sich darüber vermutlich nicht den Kopf. Plünderung und Verwüstung sind im Krieg notwendig, und den unappetitlichen Teil dieser Arbeit erledigen einfache Soldaten, nicht die Ritter. Gebiete zu verheeren ist ja nicht gleichbedeutend damit, Leute umzubringen, es sei denn, die sind so dumm, Sie aufhalten zu wollen.

So oder so, Bauern zählen nicht zur Welt des Rittertums, und wenn die Sie in ihrer Gewalt hätten, würden sie keine Rücksicht nehmen – warum also rücksichtsvoll zu ihnen sein? Beim Bauernaufstand von 1358 in Frankreich brieten Bauern einen Ritter und stopften seiner Frau samt ihren Kindern Stücke von ihm in den Mund.

Priester und Mönche sollte man mit Rücksicht auf sein Seelenheil nicht töten, aber seinen Spaß kann man dennoch mit ihnen haben. Ein

Zisterzienserbruder der Abtei Fürstenfeld berichtet von seiner Behandlung durch die Truppen Herzog Leopolds III. von Österreich nach der Schlacht von Mühldorf 1322:

> Ich selbst wurde in jener Nacht, in der Abteilungen des österreichischen Heeres unaufhörlich durchzogen, sich wie Rasende gebärdeten und ringsum die Dörfer anzündeten, damit die Flammen ihnen durch die Nacht leuchteten, von zweien dieser Leute ergriffen, von einem Dritten mit der Lanze geprügelt und in dieser selben Nacht zweimal wie ein Schalksnarr nackt ausgezogen.

Der Mönch ertrug diese Misshandlungen freilich mit lächelnder Demut, wusste er doch das feindliche Heer nach verlorenem Gefecht auf dem Rückzug.

Disziplin

Laut dem *Baum der Schlachten* sollte auf einer Reihe von Vergehen die Todesstrafe stehen. Dazu gehören:
- den Kommandanten schlagen,
- dem Feind Geheimnisse verraten,
- seinen Waffengefährten töten,
- sich selbst töten.

Es ist schwer vorstellbar, wie die Strafe im letzten Fall zu vollstrecken ist. Das alles klingt nach strikter Disziplin, aber in der Praxis wird solche Strenge nicht geübt. Besonders schwer ist sie durchzusetzen, wenn die Männer keinen Sold erhalten. Als Ritter sind Sie darauf eingestellt, Disziplin zu erzwingen, nicht zu spüren zu bekommen.

Die Disziplin im Heer ist Sache der Marschälle und Konnetabel, und es kann sein, dass Sie als deren Stellvertreter amtieren. Viel von ihren Aufgaben besteht darin, die Männer vom Kameradendiebstahl und ähnlichen kleinen Vergehen abzuhalten. Auf dem Marsch müssen Sie darauf achten, dass nur ja niemand den Bannern vorausgeht, die

Sir Robert Knollys

Knollys, ein Mann aus Cheshire, taucht das erste Mal in den 1340er-Jahren bei Kämpfen in der Bretagne auf. 1356 zog er mit dem Herzog von Lancaster in der Normandie zu Felde. Er führte 1358/59 besonders verheerende Streifzüge im Herzen Frankreichs durch und kämpfte während der 1360er-Jahre in der Bretagne und in Spanien. Trotz seines fehlgeschlagenen Zuges durch Frankreich von 1370 spielte Knollys in diesem Krieg weiterhin eine führende Rolle und war 1382 maßgeblich daran beteiligt, den Bauernaufstand in England niederzuschlagen. Er war Waffenbruder eines Landsmanns aus Cheshire, Hugh Calveley, und gewann im Krieg beträchtlichen Reichtum. 1407 starb er.

das Heer führen; so etwas ist eine schwere Straftat. Auch Befehle wie „Aufgesessen!" zu brüllen, wenn Sie dazu nicht befugt sind, ist ein ernstes Delikt. Sie müssen die Männer unter Ihrem Kommando im Griff haben; eine französische Verordnung von 1374 macht Sie für all ihre Taten verantwortlich.

Die Engländer haben einige ausgeklügelte Militärgesetze zustande gebracht. Sie kümmern sich um offensichtliche Fragen wie die Methode, für ordentliches Wachehalten zu sorgen oder dafür, dass niemand ohne Befehl wegreitet. Sie müssen den Anweisungen der Boten, wo Quartier bezogen wird, folgen. Regeln gibt es auch für das Vorgehen, wenn man Gefangene nimmt; gegen Lösegeld freilassen dürfen Sie sie nur mit Genehmigung Ihres Hauptmanns. Henry V. geht sogar so weit, Ihnen Witze zu verbieten, die so anfangen: „Kommen ein Engländer, ein Ire und ein Waliser ..."

Boucicaut hatte als Marschall von Frankreich mit Disziplinarfragen sehr viel zu tun, aber seine Biographie verrät wenig Genaues darüber, wie er diese Rolle tatsächlich ausübte. Auf jeden Fall legte er Wert darauf, als Untergebene erfahrene Offiziere zu ernennen; jeder, der ihnen nicht gehorchte, wurde bestraft. Typisch für den alten Tugendbolzen war, dass er das Würfeln verbot und jedem, der fluchte, harte Strafen androhte. Sie dürfen sich gerne fragen, ob es praktisch möglich ist, einem Soldaten das Fluchen abzugewöhnen.

1370 sah sich Robert Knollys einem großen Disziplinarproblem gegenüber, das er nicht lösen konnte. Er hatte einen Streifzug nach Frankreich geführt, und es war das erste Mal, dass eine Operation dieser Größe nicht unter dem Kommando eines Earls durchgeführt worden war. Gut verlief sie nicht, denn die Franzosen wussten allmählich, wie man solchen Unternehmen beikommen konnte, nämlich durch ständige kleine Attacken und die Evakuierung der Gegend. Die Disziplin brach zusammen, John Minsterworth und andere meuterten. Sie wollten Knollys nicht als Vorgesetzten anerkennen, weil er ihnen sozial untergeordnet war. Solche Zwischenfälle sind selten; normalerweise findet Kampferfahrung, wie Knollys sie besaß, die verdiente Anerkennung.

In einer Söldnerkompanie ist es nicht immer leicht, die Disziplin aufrechtzuerhalten. John Hawkwood musste William Gold und dessen Gefährten mit der Hinrichtung drohen, als sie seinen Befehlen nicht gehorchten. Es gibt eine Geschichte, wie Hawkwood mit zweien seiner Männer fertig wurde, die sich um eine hübsche junge Nonne zankten – er erstach sie, sodass sie keiner haben konnte. Aber das ist wahrscheinlich ein Gräuelmärchen, das die Feinde des großen Feldherrn ausgestreut haben.

Medizinische Versorgung

Sehen Sie bloß zu, dass Sie auf dem Feldzug keine ärztliche Hilfe brauchen; wenn es doch dazu kommt, wird's wahrscheinlich unangenehm. Nehmen Sie nur Bertrand du Guesclin, der bei der Belagerung von Melun durch Steinschlag ohnmächtig wurde und den man anschließend in den Burggraben warf. Um ihn wieder zu sich zu bringen, gruben die Franzosen ihn bis zum Hals in einen Misthaufen ein; die Wärme des Dungs tat prompt, was sie sollte.

Falls Sie einen Chirurgen brauchen, suchen Sie sich besser jemanden wie Henri de Mondeville, der Philippe IV. von Frankreich diente.

Er war kampferfahren, lehrte an der Universität Montpellier und schrieb ein riesiges Lehrbuch der Chirurgie und Medizin. Wenn Sie vernünftige Anweisungen brauchen, wie man zum Beispiel ein Körperteil mit Wundbrand amputiert, es steht alles drin. Es besagt auch, dass die richtige Methode, einen Armbrustbolzen aus dem Knie eines Mannes zu entfernen, darin besteht, jemanden mit einem Hammer auf die Bolzenspitze schlagen zu lassen, während Sie das Gelenk selbst vor dem Schlag schützen.

Das in deutscher Sprache verfasste Prager Wundarzneibuch empfielt bei Pfeilwunden, zunächst die Überlebenschancen des Patienten abzuwägen und gegebenenfalls den Beichtvater hinzuzuziehen. Ist ein Geschoss mit der Zange nicht zu entfernen, soll man es so lange im Körper belassen, bis das umgebende Fleisch faul geworden ist.

Der angesehene englische Chirurg John von Arderne war Proktologe und schrieb ein Fachbuch namens *De fistula in ano* über ein ziemlich unappetitliches Leiden, das man sich vom stundenlangen Sitzen im Sattel holen kann. Die bevorzugte Behandlung, die er empfiehlt, sind – wenn man keine Operation will – regelmäßige Einläufe oder auch heiße Bäder. Solche Empfehlungen wollen Sie garantiert vermeiden.

Gelegentlich machen Chirurgen durchaus gute Arbeit. In der Schlacht von Shrewsbury wurde der Prince of Wales 1403 durch einen Pfeil verwundet, der dicht neben seinem linken Nasenflügel stecken blieb; die Pfeilspitze hatte sich tief eingegraben. Erste Versuche, ihr beizukommen, indem man dem Prinzen unterschiedlich gemischte Tränke einflößte, scheiterten; dann fertigte der Chirurg John Bradmore ein spezielles Instrument wie eine Zange an, mit dessen Hilfe er die Spitze herauszog. Ihr Problem, falls Sie verwundet werden, liegt wahrscheinlich darin, dass die Chirurgen dünn gesät sind. Vielleicht zögern sie sogar, Sie zu behandeln. Der spanische Ritter Pero Niño musste in einem Fall einspringen, als ein Chirurg zu verängstigt war, die großflächige Wunde am Bein eines Schiffskapitäns auszubrennen, und die Sache selbst mit einem weißglühenden Eisen übernehmen.

Aber machen Sie sich um die Schlacht keine Sorgen – der Killer Nr. 1 ist derzeit die Pest, die den Westen 1347 erreicht hat; ein Genue-

MEDIZINISCHE VERSORGUNG 121

Vermeiden Sie Operationen, wenn es irgendwie geht. Diese Abbildung aus einem chirurgischen Traktat des Roger von Salerno zeigt einen Arzt, der verschiedene Wunden untersucht; es ist wenig wahrscheinlich, dass er einen dieser Patienten heilen konnte.

ser Schiff schleppte sie von der Belagerung von Kaffa auf der Krim ein. Während der ersten ernsthaften Epidemie tötete sie ungefähr die halbe Bevölkerung, doch an manchen Orten lag die Sterberate viel höher. Seltsamerweise hat sie aber das Kriegsgeschehen nicht so sehr unterbrochen, wie Sie meinen könnten. In den ersten Jahren, gleich nachdem die Pest zuschlug, wurden zwar keine großen Feldzüge unternommen, aber es gibt keine Beispiele dafür, dass Kampagnen abgebrochen wurden, weil ein Heer unter einem Pestausbruch litt. Gegen die Pest kann man sowieso nichts machen. Niemand weiß, welche Ursache sie hat, und die Ärzte kennen kein Heilmittel.

Waffentaten

Sie können leicht den Eindruck bekommen, dass Sie auf Feldzügen nicht so oft zum Kämpfen kommen, wie Sie wollen, und zu wenig Gelegenheit haben, Ihr Können unter Beweis zu stellen. Das Land zu verheeren mag Ihnen zwar etwas Spaß machen, aber natürlich wollen Sie eine Chance, um anzugeben, Ihr Streitross zu reiten und die Lanze zu schwingen. Die Lösung für den Ritter besteht darin, Herausforderungen zu verteilen und Leute von der Gegenseite zum Kampf unter fairen Bedingungen zu überzeugen. Diese Kriegstjoste stehen einem Turnier näher als dem eigentlichen Gefecht.

Dass vor einer Schlacht Einzelkämpfe stattfinden, ist Tradition. 1333 forderte ein riesiger Schotte namens Turnbull vor der Schlacht bei Halidon Hill einen englischen Ritter, Robert Benhale, heraus und wurde klar geschlagen. Seitdem sind derartige Kämpfe zwischen Feinden viel häufiger geworden und bieten Ihnen ausgezeichnete Möglichkeiten, Ihr Geschick im Tjostieren unter Beweis zu stellen. Eine typische Begegnung ist die zwischen einem französischen Ritter und dem Engländer Robert Colville während des Feldzugs von 1346. Der Franzose forderte zum Einzelkampf „seiner Dame zuliebe" auf. Er und Colville bestanden einen Tjost über zwei Runden, brachen die dritte aber ab, als der Schild des französischen Ritters brach.

Als 1382 ein junger französischer Ritter, Tristan de Roye, erfuhr, dass zwischen Kastilien und Portugal Frieden geschlossen war, schickte er einen Herold zu den Engländern unter dem Kommando des Earls von Cambridge und bat, dass sich ihm jemand zum Zweikampf stellte. Ein englischer Knappe, Miles Windsor, der auf den Ritterschlag aus war, nahm an. Eine große Zahl englischer Ritter begleitete ihn nach Badajoz, wo der Kampf stattfinden sollte. Miles wurde vorher, wie es sich gehörte, zum Ritter geschlagen. Jeder Mann hatte drei Lanzen; jedes Mal gingen sie zu Bruch. Schilde und Rüstungen wurden zerbeult und zerhauen, aber keiner von beiden war verwundet. Alle fanden das großartig, denn der Ehre beider Seiten war Genüge getan.

Für solche Tjoste gibt es Regeln. Bei einer Gelegenheit rutschte

1379 ein englischer Ritter namens William Farrington aus und durchbohrte im Fallen den Oberschenkel seines Gegners. Das war eine Schande, und der Earl von Buckingham war rasend vor Wut. William entschuldigte sich wortreich für seinen Fehler und erlangte Verzeihung für den unfairen Hieb. In diesen Kämpfen geht es weniger um die Streitfragen zwischen England und Frankreich. Was hauptsächlich zählt, ist die eigene Ehre. Solche Waffentaten zu vollbringen steigert Ihr Prestige, aber ehe Sie Herausforderungen schleudern, bedenken Sie gründlich die damit verbundenen Gefahren.

Hätten Sie's gewusst?

- Wahrscheinlich holen Sie sich unterwegs einen Sonnenbrand, und falls Sie Ihre helle Hautfarbe behalten wollen, rät Ihnen der französische Arzt Henri de Mondeville, auf Ihr Gesicht eine Mischung aus Eiweiß und Weizenmehl aufzutragen.

- 1359 hatte die Armee Edwards III. kleine runde Lederboote im Gepäck, um sich mit Fisch zu versorgen.

- Während ihres Flandernfeldzugs von 1382 stand die französische Armee nach einem falschen Alarm die ganze Nacht über bis zu den Knien im Schlamm.

- Wenn Sie einen Brotlaib an Ihren Sattel binden, schmeckt er beim Essen nach Pferdeschweiß.

- Als Charles VI., König von Frankreich, zum ersten Mal wahnsinnig wurde, zog er sein Schwert und machte Jagd auf jeden, den er zu Gesicht bekam. Damit endete der Feldzug, an dem er teilnahm.

IX Auf dem Kreuzzug

Er ist nach Litauen und Russland gezogen,
So oft wie kein anderer Christ seines Standes.
Er ist auch in Granada gewesen, bei der Belagerung
Von Algeciras, und er ist in Almeria geritten.
Er war in Ayas und in Satalia,
Als sie erobert wurden, und am Mittelmeer
Hat er in manchem stolzen Heer gedient.

Chaucer, Prolog der *Canterbury Tales* (Ende 14. Jahrhundert)

Sich einem Kreuzzug anzuschließen darf als der Höhepunkt eines Ritterlebens gelten. Das traditionelle Kreuzzugsziel war die Reise nach Jerusalem, um es den Muslimen wieder zugunsten der Christenheit zu entreißen, aber die Zeiten haben sich geändert. Jetzt können Sie an vielen Orten auf einen Kreuzzug gehen. Erinnern Sie sich an Chaucers Ritter, der nicht in Frankreich kämpfte, sondern in Alexandria, in Preußen und Lettland sowie in Spanien das Kreuz nahm. Er kämpfte an den Küsten des Mittelmeers und der Ostsee. Seine Bilanz ist stattlich. Wenn Sie reiselustig sind, bietet Ihnen das Kreuzzugswesen viele großartige Chancen. Mehr noch, auf Kreuzzügen können Sie im Dienst der Kirche kämpfen. Hier verbinden sich die religiösen Ideale des Rittertums mit der Praxis des Kämpfens. Wenn Sie mit einem Schwertstreich einen Ungläubigen töten, haben Sie eine gottgefällige Tat vollbracht. Sollten Sie umgekehrt das Pech haben, durch eine wohlgetemperte Damaszenerklinge in den Händen eines Mamelucken- oder Türkenkriegers getötet

Chaucers Ritter in den *Canterbury Tales* war ein großer Kreuzfahrer. Wahrscheinlich gestaltete Chaucer seine Karriere nach dem Leben des Philippe de Mézières, eines Propagandisten der Kreuzzüge.

zu werden, haben Sie ein Ticket erster Klasse in den Himmel gelöst. Dem Kreuzfahrer winkt die Seligkeit.

Probleme

In heutiger Zeit sehen sich Kreuzfahrer beträchtlichen Schwierigkeiten gegenüber, und Sie müssen es sich gründlich überlegen, bevor Sie sich an einem Heiligen Krieg beteiligen. Akkon, die letzte von Kreuzfahrern gehaltene Stadt im Heiligen Land, ist 1291 an die muslimischen Truppen gefallen, und heutzutage ist es schlicht unmöglich, an die Großtaten vergangener Jahrhunderte anzuknüpfen. Es gibt keine Kreuzfahrerstaaten mehr zu verteidigen. Vor allem besteht keine Hoffnung, Jerusalem wiederzuerobern, die goldene Stadt im Mittelpunkt der Welt. Falls Sie dorthin wollen, dann müssen Sie als Pilger reisen, nicht als Kreuzfahrer.

Die Christenheit ist in der Defensive. Die Mamelucken in Ägypten und Syrien haben mächtige Heere, aber eine noch größere Gefahr geht von den Osmanen aus. Der Aufstieg dieser Türken begann vor rund hundert Jahren. Bursa in Kleinasien wurde 1326 ihre Hauptstadt, und dann stießen die Osmanen auf den Balkan vor. 1385 war Sofia in ihrer Hand. 1389 errangen sie unter Sultan Murad I. auf dem Amselfeld (Kosovo) einen großen Sieg und schlugen die Balkanfürsten. Neue Bedrohungen wachsen bei den Völkern Zentralasiens heran; Timur oder Tamerlan, der 1405 starb, war ein Anführer, der ein Riesenreich errichtete.

Ehe Sie auf einen Kreuzzug gehen, bedenken Sie bitte den tragischen Fall des Giles von Argentein. Er war ein Ritter von hohem Ansehen, der bei manchen als drittbester Ritter der Christenheit galt. 1311 ging er im Mittelmeergebiet auf Kreuzzug und wurde gefangengenommen – nicht von Muslimen, sondern von griechischen Christen auf Rhodos. Er wurde in Saloniki gefangengesetzt, und die Engländer mussten große diplomatische Anstrengungen unternehmen, bis sie 1313 seine Freilassung durchsetzten.

Mittelmeerraum und Balkan

Sollten Sie immer noch darauf bestehen, das Kreuz zu nehmen, bieten sich Möglichkeiten zu Feldzügen rund ums Mittelmeer, obwohl wenig Hoffnung besteht, die westlichen Königreiche zu einer großen Expedition nach dem Muster der berühmten Kreuzzüge der Vergangenheit zusammenzuschließen. Pläne für einen groß angelegten Kreuzzug hat es schon gegeben, und es existieren Abhandlungen, wie er aussehen müsste, besonders die eines französischen Anwalts, Pierre Dubois, und eines Venezianers, Marino Sanudo. Die Theorien in die Praxis umzusetzen hat sich als sehr schwere Aufgabe erwiesen.

- In den 1330er-Jahren kamen Hoffnungen auf, die Könige von Frankreich und England könnten gemeinsam einen Kreuzzug unternehmen, aber am Ende bekämpften sie sich stattdessen gegenseitig.
- König Peter I. von Zypern reiste durch ganz Europa, um Kreuzfahrer zu rekrutieren und an jeder Menge Turnieren teilzunehmen. 1365 organisierte er eine Expedition, der es erstaunlicherweise gelang, Alexandria in Ägypten einzunehmen, aber es ging bald wieder verloren. Immerhin machten die Kreuzfahrer reiche Beute.

MITTELMEERRAUM UND BALKAN

Ein Kreuzfahrerheer unter dem Herzog von Bourbon segelt 1390 nach al-Mahdiya.

In Ermangelung großer Feldzüge können Sie jederzeit an kleineren Attacken auf Mittelmeerhäfen teilnehmen, nur werden diese kaum etwas bewirken, wie Geoffroi de Charny feststellte, als er sich einem Angriff auf Izmir anschloss.

Noch eine Möglichkeit ist der Kampf gegen die Türken auf dem Balkan. König Sigismund von Ungarn tat in den 1390er-Jahren viel, um die Kräfte der Christenheit gegen die türkische Bedrohung zu sammeln, aber letzten Endes war die Expedition, die 1395 aufbrach, neben Sigismunds eigenen Truppen weitgehend auf französische und burgundische Streitkräfte beschränkt. Das Problem bei Kreuzzügen gegen die Osmanen besteht darin, dass sie fürchterlich gute Krieger sind. Entsprechend kassierte das Kreuzfahrerheer 1396 eine blamable Niederlage durch den Nachfolger Murads I., Bāyazid, in der Schlacht bei Nikopolis nahe der Donau.

Sie könnten sich sogar überlegen, in den Dienst eines muslimischen Herrschers zu treten, wie es Chaucers Ritter machte:

Derselbe edle Ritter war außerdem
Einige Zeit mit dem Herrscher von Palatia
Gegen einen anderen Heiden in der Türkei gezogen.

Dasselbe tat erstaunlicherweise Boucicaut, der 1388 drei Monate lang bei Sultan Murad I. verbrachte. Er hoffte, daraus würden sich Kriegszüge gegen andere Muslime ergeben, doch er wurde enttäuscht.

Spanien

Ein guter Rat – nur spricht den freiwillig niemand aus – ist heutzutage: Mach keinen Trouble mit den Türken, mach keinen Murks mit den Mamelucken. Für den Kreuzritter bieten sich Alternativen an. In Spanien sind die Mauren seit vielen Jahren auf dem Rückzug, während sich die Königreiche Aragon, Kastilien und Portugal ausgedehnt haben. Wenn Sie nach Spanien fahren, werden Sie staunen, wie stark maurische Sitten in den christlichen Königreichen Einzug gehalten haben. Sie werden beispielsweise überrascht sein, wie viele öffentliche Bäder es in den spanischen Städten gibt. Das Emirat Granada ist noch muslimisch und bildet ein naheliegendes Ziel für Kreuzzüge.

Für Kreuzfahrer in Spanien gibt es prominente Vorbilder. Als er im Sterben lag, sagte Robert the Bruce, König der Schotten, er wünsche, dass sein Herz auf Kreuzzug gehe, und so brachte James Douglas es pflichtschuldig nach Spanien, indem er das Herz in einem silbernen Gehäuse an einer Halskette trug. Die zweijährige Belagerung von Algeciras, das 1344 an die Kreuzfahrer fiel, zog Ritter aus ganz Europa als Helfer für Alfonso XI. von Kastilien an; die Earls von Derby und Salisbury waren anwesend, ebenso Philipp von Navarra, Vetter des französischen Königs, und der Graf von Foix. Chaucers Ritter war in Algeciras. Als Gesandter König Sigismunds traf Oswald von Wolkenstein 1415 gerade rechtzeitig in Portugal ein, um an der Eroberung der maurischen Stadt Ceuta teilzunehmen. Anschließend wegen besonderer Tapferkeit in den Kannenorden aufgenommen, verließ er nach nur wenigen Wochen mit ritterlichem Ruhm die spanische Halbinsel.

Die Ostsee

In mancher Hinsicht eine attraktive Alternative zur Mittelmeerwelt bietet der Ostseeraum, und der Heilige Stuhl gewährt jenen, die die hiesigen Heiden bekämpfen, mit Vergnügen die vollen Privilegien eines Kreuzfahrers. Expeditionen dorthin sind ein Erlebnis, das sicherer und zufriedenstellender abläuft als ein Kreuzzug am Mittelmeer, wo eine Niederlage nur zu möglich ist. Boucicaut fand einen Feldzug ins Baltikum „großartig und sehr ehrenvoll und schön, mit einer großen Schar aus Rittern, Knappen und Edelleuten".

Das Ostseegebiet ist ein Schauplatz militärischer Expansion. An der Spitze der Bewegung nach Osten steht der Deutsche Ritterorden. Ursprünglich wurde er für den Kampf im Heiligen Land gebildet, aber sein Interesse verlagerte sich ins Baltikum. 1309 schlugen die Ritter ihr Hauptquartier auf der Marienburg auf, nachdem sie im Vorjahr Danzig genommen hatten. Ein zeitgenössischer Kommentator schrieb:

Ein deutscher Ritter des 14. Jahrhunderts. Für Deutsche ist die Expansion in die baltischen Länder die wichtigste Kreuzzugsaktivität, geleitet vom Deutschen Orden.

Dieser Orden ist der Orden der Deutschen und Unserer Lieben Frau von den Deutschen, denn sie nehmen kaum einen als Bruder auf, wenn er nicht deutschsprachig ist.

Die Deutschherren errichteten in Preußen eine sehr bürokratische Verwaltung und sind in Livland stark vertreten, aber nach ihrer Niederlage bei Tannenberg von 1410 gegen die Polen sind sie nicht mehr die Macht, die sie einmal waren. Ihre Hauptaufgabe als Kreuzfahrer liegt in Litauen. Die Litauer sind Heiden, auch wenn sie selbst neuerdings das Gegenteil behaupten; ihr Herrscher Vytautas ließ sich 1386 taufen, aber die Bekehrung des Landes steht noch ganz am Anfang. Denken Sie nicht, dass das bedeutet, die Litauer seien Wilde; ihr Staat ist wohlorganisiert, und sie sind ausgezeichnete Krieger. Einige ihrer Sitten und Gebräuche sind allerdings schwer verdaulich; sie schwören auf Polygamie, verbrennen ihre Toten und halten manche Bäume für heilig. Der Deutsche Orden braucht Hilfe beim schier endlosen Krieg gegen sie.

Kreuzfahrten im Baltikum werden mit echter deutscher Gründlichkeit durchgeführt. Die Deutschherren wissen, was Sie wollen; eine solche „Reise" können Sie sich als Pauschalkreuzzug vorstellen. Es gibt Feiern unter freiem Himmel, Jagden und Tjoste für den Spaßfaktor, und natürlich ist da immer die angenehme Erwartung, dass es noch Heiden zu erschlagen gibt. Die Wälder sind voll von Nerzen und Hermelinen, also müssten Sie einen hübschen Pelzmantel mitbringen können. Um ins Baltikum zu kommen, sollten Sie über Marienburg oder vielleicht auch Königsberg zur See anreisen; das ist einfacher als der Landweg. Von da aus organisieren die Deutschherren Ihr Weiterkommen nach Litauen. Sie können zwischen Winter- und Sommerfeldzügen wählen. Im Winter ist es sehr, sehr kalt, und Sie können auf dem gefrorenen Boden schnell reiten; im Sommer müssen Sie hoffen, dass die Hitze das Sumpfland austrocknet.

Viele Ritter reisen ins Baltikum, auch Oswald von Wolkenstein will in jungen Jahren als Knappe dort gewesen sein. Die Deutschen bilden die große Mehrheit, aber beträchtliche Zahlen kommen aus anderen Teilen der Christenheit. Im Winter 1367/68 erhielten 97 Engländer die Erlaubnis, nach Preußen zu reisen. Sehr viele französische Ritter haben diesen Weg genommen. Boucicaut ist sogar dreimal ausgezogen, um gegen die Heiden in Litauen zu kämpfen. Eine seiner Reisen fiel in den Winter. Der Feind wurde acht Tage lang verfolgt, und bei ihrer Rückkehr nach Marienburg wurde den Kreuzfahrern ein großartiges Festessen vorgesetzt. Zwölf Ritter aus verschiedenen Ländern waren auserwählt, am Haupttisch zu sitzen; wahrscheinlich war Boucicaut reichlich pikiert, dass er nicht unter ihnen war.

Ein anschauliches Bild von den Annehmlichkeiten und Abenteuern eines solchen Kriegstourismus liefert das Gedicht des Peter Suchenwirt über die Litauenreise Herzog Albrechts III. von Österreich. Wie der Held eines alten Ritterepos wollte der „tugendreiche" Fürst im Heidenkampf die Ritterwürde erwerben. Mit mehr als 2000 Gefolgsleuten im Ordensland angekommen, erwartete ihn jedoch zunächst eine ganze Serie köstlicher Gastmähler. Schließlich ließ man sich über die Memel bringen und im Feindesland absetzen:

> Das Heer brachte viele edle Gäste, in ein Land, das Samatien genannt wird. Dort fand man eine Hochzeit, die Gäste kamen ungebeten! Ein Tanz wurde mit den Heiden veranstaltet, sodass wohl sechzig von ihnen tot liegen blieben, danach wurde es mit Feuer rot gefärbt, sodass die Flammen hoch zum Himmel zogen.

Im Anschluss an diesen überwältigenden Sieg schlug man den Herzog zum Ritter, der diese Würde an weitere Feldzugsteilnehmer weitergab. Als nach einigen Tagen schlechtes Wetter der „Hasenjagd" ein Ende setzte, zog man zufrieden zurück in die Heimat.

Ein Problem gibt es jedoch, so attraktiv eine Rundreise durchs Baltikum mit einem Schuss Kriegführung Ihnen vorkommen mag: Sie kommen fast sicher in die roten Zahlen. Es gibt nicht viel Beute zu machen, Gefangene werden meist getauft und im Ordensland angesiedelt.

Die große Tour

Wenn es reisen ist, was Sie wirklich wollen, dann hat das Kreuzfahren Ihnen eine Menge zu bieten. Henry Bolingbrokes zweite Expedition von 1392/93 zeigt, was für eine phantastische Tour Sie machen können, wenn Sie Kreuz- und Pilgerfahrt kombinieren:
- Beginnen Sie in Danzig, reisen Sie nach Königsberg und zurück.
- Dann halten Sie sich südwärts nach Frankfurt an der Oder.
- Ziehen Sie nach Böhmen, um Prag und die große Burg Karlštejn zu sehen.
- Wien ist der nächste wichtige Halt, gefolgt von Klagenfurt.
- Überqueren Sie die Alpen; das sollte nicht zu schwer sein.
- Nächstes Ziel: Venedig. Ein paar Tage am Lido zu verbringen, nicht nur in der eigentlichen Stadt, ist eine gute Idee.

- Von Venedig schiffen Sie sich zum Heiligen Land ein und pilgern nach Jerusalem.
- Auf der Rückfahrt besuchen Sie Zypern, Rhodos und das griechische Festland, ehe Sie wieder in Italien landen.

Als Henry die Reise machte, brauchte er insgesamt ein Jahr, und wenn Sie sich das leisten können, ist es ein herrliches Erlebnis. Vielleicht können Sie sogar wie seinerzeit Henry einen Leoparden und einen Papagei als Souvenirs mitbringen. Machen Sie sich aber nicht zu viele Hoffnungen auf das, was Sie in fernen Ländern alles sehen werden; Sie kommen nicht bis in die entlegenen Gegenden, wo die kopflosen Menschen hausen, die das Gesicht auf der Brust tragen, oder die Länder, wo sie Hundeköpfe haben oder nur ein Bein mit einem Riesenfuß, den sie als Sonnenschirm benutzen. Aber vielleicht gelingt es Ihnen ja, auf der griechischen Insel Kos den Drachen zu küssen, der in Wirklichkeit eine verwunschene Prinzessin ist. Doch Vorsicht: Sein Mundgeruch hat manchen schon in die Flucht getrieben!

Kreuzzüge gegen Christen

Vielleicht sind Sie überrascht zu hören, dass Sie gegen andere Christen auf Kreuzzug gehen können. 1378 gab es eine doppelte Papstwahl: Urban VI. beanspruchte in Rom, dass er der Papst sei, und sein Rivale Clemens VII. erklärte in Avignon, ihm gebühre der Titel. 1383 führte der Bischof von Norwich, der in Italien einige Kampferfahrung gesammelt hatte, einen Kreuzzug nach Flandern gegen die Unterstützer von Clemens, erreichte aber nichts, außer sich mit Schande zu bedecken. Beide Päpste waren bereit, jedem, der für ihre Sache kämpfte, Kreuzzugsbriefe auszustellen. In der Schlacht von Aljubarrota 1385 trugen die Kastilier das Kreuz für Clemens und umgekehrt die Portugiesen mit ihren englischen Verbündeten für Urban.

In jüngster Zeit scheint im Osten Europas die Ketzerei neue Blüten zu treiben. Die Anhänger des 1415 auf dem Konzil zu Konstanz verbrannten Prager Theologen Jan Hus vertreten nach wie vor aberwitzige Forderungen wie etwa, dass Laien bei der Messe Brot und

Wein zugleich erhalten sollen. Da ist es nur noch eine Frage der Zeit, wann der Krieg gegen diese Glaubensfeinde eröffnet wird. Ob die Böhmen aber leichte Beute darstellen, daran sind durchaus Zweifel angebracht.

Müssen Sie hin?

Natürlich ist ein Ritter nicht gezwungen, auf Kreuzzüge zu gehen. John Hawkwood zählt zu denen, die das nie getan haben. Überraschenderweise empfiehlt Geoffroi de Charny es Ihnen nicht, vielleicht weil seine eigenen Kreuzzugserfahrungen nicht befriedigend waren. Dennoch wird es Ihr Ansehen stärken, wenn Sie zu einem Kreuzzug stoßen, und es sollte Ihnen auch für Ihr Seelenheil helfen.

Wie gesagt, wäre es klug, den Kampf gegen Türken und Mamelucken zu vermeiden, und die Tatsache, dass es 110 verschiedene Sorten Stechmücken in Litauen gibt, ist ein bisschen beunruhigend, von den Pferdebremsen ganz zu schweigen. Andererseits ist es sicher kein besonderes Abenteuer, einen Kreuzzug gegen Mitchristen in den Niederlanden zu unternehmen. Die beste Antwort ist vielleicht Spanien, aber es liegt bei Ihnen.

Hätten Sie's gewusst?

- Die Litauer beten viele Götter an; Percunos ist der Gott des Feuers und des Blitzes, Potrimpo der Gott der Fruchtbarkeit und der Flüsse, Picollos der Gott der Unterwelt.

- Graf Wilhelm IV. von Holland ging auf sieben Kreuzzüge im Baltikum.

- Sultan Bāyazid wurde nach seinem Sieg über die Kreuzfahrer bei Nikopolis selber 1402 durch den Mongolenherrscher Timur (oder Tamerlan) besiegt und gefangengenommen.

X Söldner

> Deutschland hat nichts anderes im Sinn, als Raubsöldner zum Untergang der Städte zu rüsten, und aus seinen Wolken ergießt sich ein eiserner Regen auf unser Land – zu Recht, wie ich nicht bestreite, da man dem entgegenkommt.
>
> FRANCESCO PETRARCA (1346)

Es ist kaum zu viel verlangt, die schuldige Bezahlung zu erwarten, gleich welche Art Ritter Sie sind. Söldner zu sein, ist jedoch mehr als eine Frage des Bezahltwerdens. Wenn Sie gewillt sind, von jedem Auftraggeber Geld anzunehmen und die Seiten zu wechseln, falls das Honorar stimmt, dann sind Sie ein Söldner. So etwas ist eine Karriere für Berufssoldaten, und Sie müssen sich bewusst sein, dass Sie ebenso leicht berüchtigt wie berühmt dabei werden können. Falls Sie ein deutscher Ritter sind, insbesondere aus Schwaben oder dem Rheinland, ist die Versuchung, als Söldner in Italien zu kämpfen, besonders groß.

Vielleicht nehmen Sie an, dass die Autoritäten diese Art Laufbahn als das Gegenteil von allem, was ritterlich ist, betrachten, aber Geoffroi de Charny steht ihr alles andere als feindselig gegenüber. So sagt er über Ritter, die ihre Heimat verlassen und nach Italien ziehen:

> Dadurch können sie viel Gutes sehen, erfahren und kennenlernen, indem sie am Krieg teilnehmen, denn vielleicht sind sie in Landen oder Herrschaften, wo sie große Waffentaten miterleben und selbst vollbringen können.

Geoffrois Warnung lautet, dass diejenigen, die diesen Weg einschlagen, sich nicht verleiten lassen sollen, ihn zu bald aufzugeben und raschen Profit einzustreichen. Selbst wenn der Körper nichts mehr leisten kann, sagt er, müssen Ihr Herz und Ihr Wille Sie weitertreiben.

Herkunft

Eine Söldnerkarriere ist besonders reizvoll, wenn Sie nicht gerade zur ersten Garnitur gehören. Es ist die richtige Laufbahn, wenn Sie es in der Welt erst zu etwas bringen wollen und bereit sind, große Risiken dabei einzugehen.

Wenige englische Söldnerhauptleute haben einen adligen oder ritterbürtigen Hintergrund. John Hawkwoods Ursprungsort ist ein englisches Dorf; er war der zweite Sohn eines Kleinpächters. Manche Gascogner kommen aus Familien des Kleinadels, was auch für viele Deutsche gilt. Herzog Werner von Urslingen etwa entstammte einem eher unbedeutenden schwäbischen Geschlecht aus der Gegend um Rottweil, doch hatte sich in seiner Familie seit dem 12. Jahrhundert ein Anspruch auf das Herzogtum Spoleto vererbt. Wenn sie in Italien sind, beanspruchen manche Deutsche Titel, auf die sie eigentlich kein Anrecht haben, und viele von ihnen werden auf den dortigen Feldzügen zu Rittern geschlagen. Machen Sie sich also keine Gedanken, Sie könnten an Status verlieren, weil Sie als Söldner kämpfen. Viel eher kann das Gegenteil der Fall sein.

Italien bietet Ihnen für Ihre Söldnerlaufbahn das üppigste Jagdrevier. Die Rivalitäten zwischen den Städten im Norden führen zu vielen Kämpfen, und diese Städte sind dabei so reich, dass sie sich die besten Soldaten aus Deutschland, England und anderswo leisten können. Die Stadtherren regieren dort in der Art von Tyrannen und misstrauen daher ihrer eigenen Bevölkerung. Statt die Bürger zu bewaffnen, wirbt man lieber Ausländer an. Auch Frieden ist kein besonders großes Problem; es gibt immer einen neuen Konflikt und eine neue Stadt, die gewillt ist, Sie zu rekrutieren. Florenz ist immer die Gegnerin von Pisa; Mailand hat zahlreiche Feinde.

John Hawkwood, der erfolgreichste unter den in Italien kämpfenden englischen Söldnern. Er diente der Stadt Florenz gut und ist dort mit diesem prachtvollen Fresko im Duomo verewigt.

Die Kompanien

Um ein erfolgreicher Söldner zu sein, müssen Sie zu einer Kompanie gehören oder sie noch besser selbst führen. Die erste im 14. Jahrhundert war die katalanische Große Kompanie des Roger de Flor, 1302 aus Veteranen des aragonesischen Heeres gebildet, das auf Sizilien gekämpft hatte. Anfangs diente die Kompanie dem byzantinischen Kaiser, begann aber schon bald unabhängig zu arbeiten, stiftete Chaos in Griechenland, eroberte Athen und gab ihren Nachfolgern ein Beispiel destruktiven Verhaltens.

Die Deutschen. Als Nächste kamen die Deutschen. Als Kaiser Heinrich VII. 1313 in Italien starb, wurde sein Heer aufgelöst, und viele seiner Ritter blieben in Italien, um ihr Glück zu versuchen. Die Romreise Ludwigs des Bayern brachte 1327 weitere Ritter dorthin, und da Ludwig ihren Lohn nicht zahlen konnte, kehrten viele nicht mit ihm nach Deutschland zurück. Die erste richtig große Söldnerbande in Italien, die St.-Georgs-Kompanie, wurde 1339 gegründet, wobei Werner von Urslingen eine Schlüsselrolle spielte. Sie wurde von einem Mailänder Heer auf dem verschneiten Schlachtfeld von Parabiago nahe Mailand geschlagen, doch 1342 stellte Werner eine neue Große Kompanie auf, die sich raubend ihren Weg durch Norditalien bahnte, bis die Deutschen spürbar bereichert nach Hause gingen. Werner kehrte 1347 zurück und blieb bis 1351. Er trug einen schwarzen Harnisch, auf dem seine Devise geschrieben stand: „Feind Gottes, der Barmherzigkeit und der Gnade."

Die von Werner gegründete Große Kompanie hatte nach ihm verschiedene Anführer, erst Montreal d'Albano, der aus der Provence kam und als Fra Moriale bekannt war, dann den Deutschen Konrad von Landau. In Spitzenzeiten umfasste sie mehr als 4000 Panzerreiter, insgesamt weilten im 14. Jahrhundert mehrere zehntausend deutsche Reiter südlich der Alpen. Viele Deutschen ziehen für eine einzige Feldzugssaison dorthin; mehr als drei oder vier zu bleiben ist selten. Ausnahmen gibt es:

- Haneken Bongard verbrachte ein Vierteljahrhundert in Italien.
- Konrad, Graf von Aichelberg, blieb 15 Jahre dort.

Schwaben und Rheinländer suchen normalerweise in Mailand und der Toskana Arbeit; Bayern und Franken zieht es nach Venedig. Ein Tipp zur psychologischen Kriegführung: Wenn Sie gegen deutsche Söldner antreten, dann sollten Sie für den Notfall ein Banner mit dem Wappen des römisch-deutschen Reiches im Gepäck haben. Wenn sie es entrollen, wird der Feind Sie hoffentlich nicht angreifen. Wenn Sie richtig Glück haben, reicht der Respekt vor dem Adlerwappen sogar so weit, dass die Deutschen sich ergeben wie 1334 bei Correggio.

Aber Achtung: Die Ritter aus dem Rheinland und die aus Schwaben sprechen nicht nur unterschiedliche Mundart, sondern geraten auch rasch in Streit untereinander. Vermeiden Sie diese explosive Mischung in ein und derselben Truppe.

Die Engländer und Gascogner. Nach dem Vertrag von 1360, der vorerst den Krieg zwischen England und Frankreich beendete, waren große Mengen an Soldaten arbeitslos. Für manche lag die Lösung des Problems im Bilden von Freischaren, Banden, deren Mitglieder als *routiers* bekannt waren. Die Anführer der neuen Kompanien waren meist Engländer oder Gascogner. Eine der größten, die Große Kompanie, nahm 1360 Pont-Saint-Esprit im Rhônetal und nutzte es als Stützpunkt für verheerende Raubzüge. 1362 schlug eine *routier*-Truppe ein königlich französisches Heer bei Brignais. Eine der bekanntesten Banden dieser Zeit war die Weiße Kompanie, die ihren Namen von den blanken Brustpanzern ihrer Angehörigen erhielt. Sie ging aus der Großen Kompanie hervor und unterstand anfangs einem Deutschen, Albert Sterz; ihn ersetzte Hugh Mortimer de La Zouche, ein Verwandter des Königs von England. Die Weiße Kompanie war wohlorganisiert und besaß eine Kommandostruktur aus zwölf Korporälen. Sie wurde vom Markgrafen von Montferrat nach Italien gerufen und besiegte 1363 die Truppen Konrad von Landaus. Es handelt sich um eine Welt wechselnder Bündnisse; Sie werden feststellen, dass Sie im Zerfallen und Neuentstehen der Kompanien geradezu Politiker spielen müssen.

Die Kompanien können zu einem echten Problem werden; wenn die Söldner nicht im Dienst einer Stadt stehen, zum Beispiel während eines Waffenstillstandes, handeln sie auf eigene Faust, erpressen Geld, wo es nur geht, und versetzen das Land in Angst und Schrecken. Heutzutage ist die Zahl fremder Kompanien in Italien jedoch rückläufig. Die große Zeit der Kompanien war das 14. Jahrhundert.

Die Italiener. Sie brauchen kein Fremder wie Hawkwood zu sein, um als Söldner in Italien Erfolg zu haben, auch wenn es hilft. In den letzten Jahren haben Italiener – vor allem Alberigo da Barbiano, der 1409 gestorben ist – eine viel prominentere Rolle in den Söldnerhaufen zu spielen begonnen, obwohl es immer noch reichlich Chancen für fremde Ritter gibt.

Organisatorisches

Wenn Sie ein neues Engagement benötigen, suchen Sie am besten eines der vielen deutschen Wirtshäuser in Italien auf, etwa die Tavernen *Zum Schwert* in Rom und Mailand oder das *Agnus Dei* in Venedig. Vergewissern Sie sich aber unbedingt, dass die Kompanie, der Sie sich anschließen, gut organisiert ist. Eine typische Kompanie sollte Folgendes besitzen:

- einen Generalkapitän,
- einen Kanzler, normalerweise einen Italiener, der sich um Rechtsfragen kümmert, etwa das Aufsetzen von Verträgen und Soldvereinbarungen,
- einen Schatzmeister für die Finanzen,
- Marschälle und Konnetabel als Kommandeure der einzelnen Banner, die normalerweise aus je 15 bis 20 Mann bestehen,
- *guastatori*, die Verwüster, die sich ums Verheeren des Landes kümmern,
- Frauen zum Wäschewaschen, Kornmahlen mit Handmühlen, Kochen und für andere Dienstleistungen.

Taktik

Am besten hält man sich an die Methoden der englischen Söldner. Sie haben neue Kampftechniken in Italien eingeführt. Die militärische Grundeinheit, die die Deutschen benutzten, war die *barbuta* aus zwei Mann, einem Ritter und einem Pagen (mit Unterstützungsfunktion). Die Engländer führten in Italien die als Lanze bekannte Formation ein; diese zählt drei Mann – Ritter, Knappe und Page – und war Ende des 14. Jahrhunderts zur Standardgliederung geworden. Die Männer der berühmten englischen Weißen Kompanie kämpften zu Fuß, wobei je zwei Mann eine Lanze hielten und vorsichtig in kleinen Schritten vorrückte. Bogenschützen unterstützten diese kompakte Formation. Ebenso wichtig wie solche Techniken ist die Fähigkeit, über lange Strecken zu marschieren, oft bei Nacht. So konnten die englischen

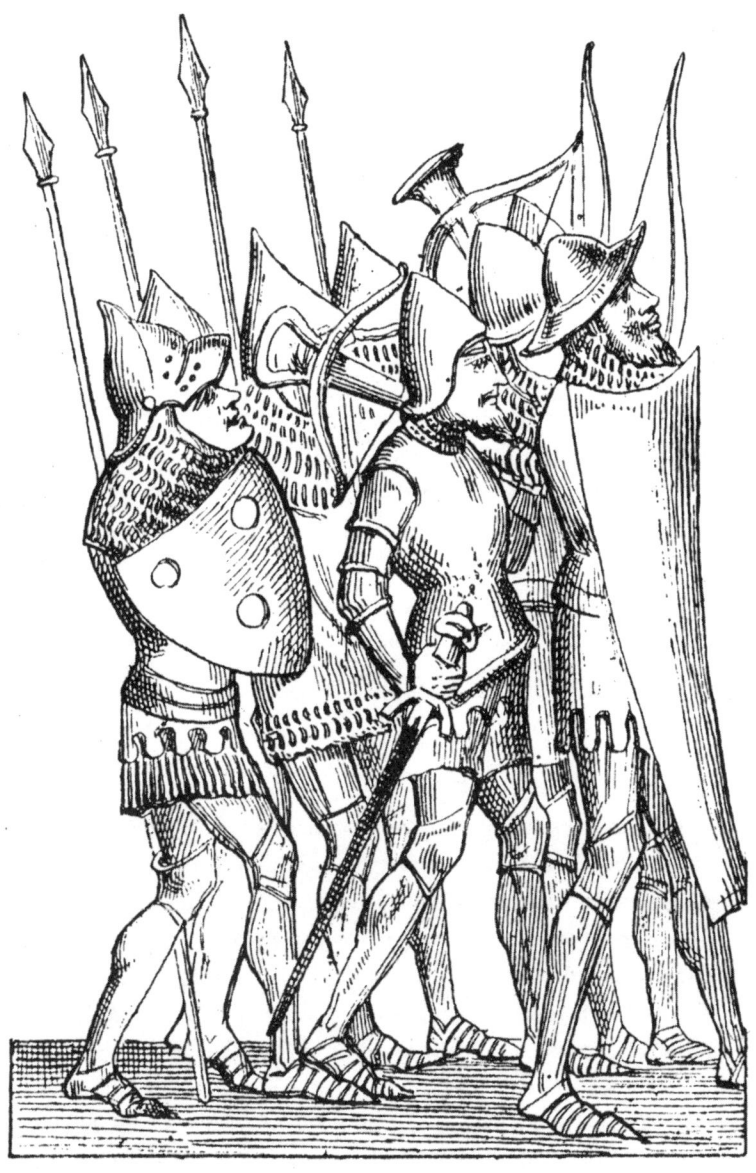
Eine kampfbereite Gruppe abgesessener Waffenknechte

Truppen wie aus dem Nichts auftauchen und mithilfe raffinierter Sturmleitern Überraschungsangriffe auf Städte und Burgen durchführen. Unter Hawkwoods Kommando waren ihre Operationen gut geplant und sinnvoll koordiniert, dazu auf gründliche Feindaufklärung gestützt; das ist das richtige Vorbild.

Die Schlacht von Castagnaro von 1387 gibt ein geeignetes Muster ab, wie man kämpfen soll. Hawkwood diente gerade der Stadt Padua, da wurde seine kleine Armee durch ein viel größeres Heer aus Verona verfolgt. Er bezog eine feste Stellung, geschützt durch Gräben und Sümpfe. Auch achtete er darauf, an einem wichtigen Punkt einen Graben aufzufüllen, sodass man nun die Veroneser Stellung umgehen konnte. Die meisten seiner Waffenknechte stiegen vom Pferd und stellten sich in drei Reihen auf; seine Schützen unterstützten sie, und er hielt eine berittene Reserve bereit. Hawkwood begegnete einem Frontalangriff der Veroneser, indem er sie überflügelte und ihnen mit seinen Rittern zu Pferde und Waffenknechten in den Rücken fiel. Die Ähnlichkeit zur Taktik der Engländer in Frankreich liegt auf der Hand; besonders enge Parallelen gibt es zur Schlacht bei Poitiers.

Verhandlungen

Etwas mit Sprachen auskennen müssen Sie sich, wenn Sie als Söldner Erfolg haben wollen; nur Ihr Schwert für sich sprechen zu lassen reicht nicht. Albert Sterz, ein gebürtiger Deutscher, sprach fließend Englisch. Andererseits hatte Konrad von Landau seine Mühe. 1363 wurde er besiegt, teilweise deshalb, weil er sich nicht richtig mit den Ungarn in seiner Kompanie verständigen konnte. „Alt, alt!", brüllte er sie an, aber sie wollten nicht halten. Vorausgesetzt, Sie können ein bisschen Französisch, sollten Sie auch das nötige Italienisch aufschnappen können, eine Übung, mit der sich die Deutschen schwertun. Im Idealfall sprechen Sie Latein, aber das tat John Hawkwood nicht und kam mithilfe von Geistlichen und Notaren trotzdem gut zurecht.

Ein erfolgreicher Söldner braucht viele Talente; es reicht nicht, bloß gut im Kämpfen zu sein. Sie müssen mit Ihren Arbeitgebern verhandeln, und die Italiener sind die besten Geschäftsleute der Welt, also wird das nicht leicht. Vermutlich ist es relativ unkompliziert, sich auf die Höhe des Soldes zu einigen, für die meisten Punkte gibt es Standardklauseln. Aber wenn man bei den Zusatzleistungen ankommt, wird es spannend.

Eine gute Strategie besteht darin, dass Sie darauf bestehen, für Geistersoldaten – besser bekannt als „tote Lanzen" – bezahlt zu werden. Wahrscheinlich ist es klug, als Entschädigung für verlorene Pferde eine Pauschalsumme auszuhandeln; auf diese Art brauchen Sie nicht nachzuweisen, dass die Pferde wirklich getötet worden sind. Ihre Verhandlungspartner werden versuchen, Ihnen eine Option auf Vertragsverlängerung aufzuschwatzen. Seien Sie vorsichtig, womöglich gibt es in der nächsten Kriegssaison anderswo mehr zu holen!

Zusätzlich zu diesen Gebühren können Sie aus Städten, die auf Ihre Dienste aus sind, normalerweise Bestechungsgelder herausholen. Schauen Sie Ihrem Arbeitgeber aber genau auf die Finger; die Italiener haben die schlechte Angewohnheit, Ihren Sold zu besteuern, und das Einkommen nach Steuern ist selten so hoch, wie Sie erwartet haben.

Ritterlichkeit

Man kann der Meinung sein, dass sich von den Rittertugenden nur wenige im Verhalten der Söldner spiegeln. Der Deutsche Konrad von Landau drückte sich klar und deutlich aus:

> Es ist unser Brauch, zu rauben, zu plündern und jeden zu töten, der Widerstand leistet. Unser Einkommen speist sich aus dem Vermögen der Provinzen, in die wir einfallen: wem sein Leben lieb ist, der zahlt für Frieden und Ruhe vor uns einen gesalzenen Preis.

Und der Engländer John Hawkwood reagierte entsetzt, als ihn zwei Mönche mit „Gott gebe Euch Frieden, Herr" ansprachen:

Wie könnt Ihr glauben, etwas Gutes zu sagen .... Wisst Ihr denn nicht, dass ich vom Krieg lebe und der Frieden mich ruinieren würde?

Ritterliche Ehre musste auch im Ausland unbedingt gewahrt bleiben, war sie doch Grundlage für Kreditwürdigkeit und damit den Abschluss lukrativer Soldverträge. Doch im ritterlichen Ehrenkodex gibt es viel Widersprüchliches, woraus folgt, dass der Kodex sich praktischerweise einsetzen lässt, um das scheinbar Unentschuldbare zu rechtfertigen, zum Beispiel:

- das Verwüsten der Landschaft,
- das Eintreiben von Schutzgeld,
- die Beschlagnahme von Lebensmitteln und das Wegtreiben von Vieh sowie
- das Gemetzel nach dem geglückten Sturm auf eine Stadt.

Das alles sind heute gängige Elemente der Kriegführung, die vom Kriegsrecht gedeckt sind. Sie stehen nicht zwangsläufig im Widerspruch zu den Idealen des Rittertums, da diese eine nützliche Flexibilität auszeichnet. Die Handlungen eines Söldners wie Hawkwood sind nicht unbedingt weniger ritterlich als die des Schwarzen Prinzen, dessen Truppen verantwortlich für das Massaker von 1370 an den Einwohnern von Limoges waren; Hawkwoods Männer zählten 1377 zu den Beteiligten am Blutbad von Cesena. Doch es war Kardinal Robert von Genf, nicht Hawkwood, der in Cesena „Blut und Gerechtigkeit" verlangte. Die grausigen Ereignisse konnten Hawkwoods guten Ruf nicht beschädigen.

Wenn Sie tapfer kämpfen, die schuldige Loyalität zeigen, indem Sie sich an die Bedingungen der Verträge mit Ihren Arbeitgebern halten, und sich gegenüber Ihren Gefolgsleuten großzügig zeigen, dann erfüllen Sie Ihre Pflichten als Ritter. Es ist wichtig, dass Sie sich im Einklang mit den anerkannten Kriegsregeln befinden; verstoßen Sie gegen den Kriegsbrauch, finden Sie sich des Schutzes beraubt, den diese Bräuche gewähren. Hawkwood hat zwar vielleicht nicht alles getan, was man von einem edlen Ritter erwartet; er ist beispielsweise nie auf einen Kreuzzug gegangen und hat uneheliche Kinder gezeugt. Doch er war tapfer, loyal und ein großartiger Soldat, und folglich genießt er hohes Ansehen als ein Held des Rittertums.

Hätten Sie's gewusst?

- Italienische Städte bestehen normalerweise auf Heerschauen im Monatsrhythmus, um sicherzugehen, dass die Truppenstärken korrekt angegeben sind.

- Die Florentiner definieren einen Sieg als Gefecht, in dem man mindestens 200 Reiter schlägt.

- John Hawkwood benutzte bei einer Belagerung laute Musik, um die Städter in Angst zu versetzen.

- Zu den Namen der Söldnerbanden in Italien zählen St. Georg, der Hut, die Rose und der Stern.

- In Italien sagt man, englische Soldaten schrien lauter als andere.

- Das italienische Wort *bistecca* soll von John Hawkwoods Angewohnheit herrühren, sein Beefsteak auf Englisch zu bestellen.

XI Damen und Jungfrauen

> Wenn wir in der Schenke sitzen, schweren Wein trinken,
> und die edlen Frauen sind in der Nähe, sehen uns an,
> zupfen ihre Tücher rings um ihren glatten Hals zurecht,
> und ihre grauen Augen lächeln, vor Schönheit strahlend,
> dann drängt die Natur uns im Herzen, uns zu streiten.
> *The Vows of the Heron* (Mitte 14. Jahrhundert)

Die ritterliche Kultur beschäftigt sich sehr mit der der holden Weiblichkeit. Frauen sollten ein Ansporn für Ritter sein. Sie sind anwesend, um Sie bei Turnier und Tjost anzufeuern. Ihr Zuspruch wird Sie dazu bringen, in den Kampf zu ziehen. Sollten Sie Zweifel haben, wofür Sie kämpfen, denken Sie nur an die Dame Ihres Herzens. Schlagen Sie bei Geoffroi de Charny nach: Sie werden dort lesen, dass Sie alle Frauen lieben, ehren und schützen sollen, die Ritter und Waffenknechte zu edlen Taten begeistern. Im wirklichen Leben ist das allerdings etwas komplizierter.

Segen oder Fluch?

Wenn Sie manchen Priester hören, wird er Ihnen sagen, dass Frauen schlimme Geschöpfe sind, die nur eines im Kopf haben. Die frühchristlichen Kirchenväter liefern solchen Ansichten reichlich Munition, beschreiben sie die Frauen doch als „Tempel, errichtet über einer Kloake". Gemäß dieser Tradition sind Frauen im Vergleich zum Mann

unvollkommene Wesen. Der Wissensstand der modernen Medizin unterstützt diese Ansicht:
- Frauen haben ein anderes Gleichgewicht ihrer vier Körpersäfte als Männer. Sie sind kälter und enthalten mehr Schleim, folglich sind sie wankelmütig und unzuverlässig.
- Frauen sind sexuell unersättlicher als Männer.
- Die weibliche Anatomie ist befremdlich, denn Frauen besitzen eine Gebärmutter, die frei durch den Körper wandern kann. Das verursacht ihnen große Beschwerden.
- Frauen haben zwar Hoden, aber anders als die beim Mann sind sie klein und im Körperinnern verborgen.

Dennoch führt die Marienverehrung zu ganz anderen Ansichten über Frauen, und dasselbe gilt für die Ideale der hohen Minne (der höfischen Liebe), die sich seit dem 12. Jahrhundert entfaltet haben. In dieser Tradition ist Liebe ein rein seelisches Gefühl. Die Frau ist ein Hort der reinen Tugend, sie zu lieben ist daher keine Sünde. Selbst wenn es dabei ausnahmsweise auch einmal körperlich zur Sache geht.
- Frauen muss man anhimmeln, schützen und ehren.
- Frauen sind barmherzig; sie treten als Fürsprecherinnen auf und erbitten Gnade.
- Sie sind fromm und tugendhaft.

In den Geschichten, die Sie lesen und hören, werden Sie eine Vielzahl von Ansichten über Frauen hören, aber meistens finden Sie Beschreibungen eines Idealbildes. Die perfekte Frau hat weiße Haut, goldenes Haar, eine elegante Nase, einen zum Küssen geschaffenen Mund und eine makellose Figur. Sogar ihre Zehen sind genau das Richtige. Ein Liebesgedicht über „die schöne Maid von Ribblesdale" beschreibt so ein Mädchen:

> Ihr Aug ist groß und grau,
> Und schnellt sie süßen Blick auf mich,
> Spannt Licht den Bogen ihrer Brau.
> Der Mond in seiner Himmelspracht
> Verströmt nicht solchen Glanz zur Nacht.

148 DAMEN UND JUNGFRAUEN

Eine Dame und ihre Zofe; aus dem Luttrell-Psalter (um 1340). Die Zofe hält einen Spiegel, damit ihre Herrin bewundern kann, wie gut ihr langes Haar geflochten ist. Frauen verbringen viel Zeit mit dergleichen und sorgen dafür, dass sie so schön wie möglich aussehen.

Allerdings lassen sich die Reize einer Frau durchaus konkreter beschreiben, Oswald von Wolkenstein etwa schildert eine Geliebte folgendermaßen:

> Ein rechtes Maß hat jedes Glied:
> die Arme lang, die Hände schmal,
> das Bäuchlein hell und glatt,
> der Pelz vor allem ist famos!
> Das Hinterteil ist wie gedrechselt,
> hier ist sie drall bestückt.
> Die Füße zierlich ausgeformt ...

Obwohl der Sänger hier klassische Elemente des Minnesangs aufgreift, gilt sein Interesse doch erkennbar anderen Reizen. Natürlich ist eine hübsche Nase schön anzusehen. Doch ein echter Ritter sollte auch auf dem Schlachtfeld der Liebe niemals den Blick für die wirklich handfesten Beutestücke verlieren.

Achten und beschützen

Die ritterlichen Vorgaben besagen unmissverständlich, dass Sie Frauen achten sollen. De Charny erklärt, wie wichtig es ist, dass Sie die Ehre Ihrer Angebeteten schützen. Sie sollen nicht mit Ihrer Liebe zu ihr prahlen oder sich so benehmen, dass sie allgemein bekannt wird; sonst bringen Sie sie womöglich in Verlegenheit und es gibt Ärger. Als Boucicaut bei Hof war, benahm er sich gütig, höflich und in jeder Hinsicht angemessen; niemand konnte aus seinem Verhalten auch nur schließen, welche Dame seine Geliebte war. Wenn Sie unbedingt Frauen küssen müssen, nehmen Sie sich ein Beispiel an Henry von Grosmont, dem Herzog von Lancaster. Er stellte fest, dass schöne Frauen von Stand das missbilligten, und wandte seine Aufmerksamkeit daher rücksichtsvoll den Frauen niederer Schichten zu.

Als guter Ritter müssen Sie Frauen vor Schaden bewahren. Ihre Hauptsorge wird den Frauen Ihres eigenen Standes gelten; als Boucicaut seinen Orden der weißen Dame auf grünem Schild gründete, ging es ihm nur um Damen adliger Herkunft. Was im Krieg mit Bauersfrauen geschieht, braucht Sie nicht unbedingt zu kümmern. Immerhin lehrt der Minnetraktat des Andreas Capellanus, dass es die Bauern mit der Liebe nicht viel anders als das Vieh halten, und empfiehlt dem jungen Edelmann:

> Sobald du einen günstigen Platz gefunden hast, zögere nicht, dir zu nehmen, was du begehrst, und dir den Akt gewaltsam zu erzwingen.

Auf edle Frauen aber sollten Sie achtgeben. Dafür gibt es Vorbilder:

Eine Gruppe Ritter und Damen in modischer Kleidung. Die Damen tragen lange, weit fallende Gewänder mit breitem Ausschnitt.

- John Hawkwood soll 1377 beim schrecklichen Gemetzel von Cesena 1000 Frauen vor einem schrecklichen Schicksal bewahrt haben.
- 1358 bedrohten die aufständischen französischen Bauern beim *Jacquerie* genannten Aufruhr eine Anzahl edler Frauen, die sich in die Stadt Meaux geflüchtet hatten. Der Graf von Foix und Jean de Grailly (bekannt als der Captal de Buch) verjagten die Bauern und machten sie nieder.
- Bei der Einnahme von Caen sollen Thomas Holland und seine Gefährten 1346 viele Frauen und Mädchen vor dem Schlimmsten gerettet haben; nur waren sie leider außerstande, dasselbe für die Nonnen des Dreifaltigkeitsklosters zu tun.

Vielleicht kommt es Ihnen selbstverständlich vor, dass man Frauen anständig behandeln sollte, aber das ist nicht immer so gewesen. Der bayerische Herzog Ludwig der Strenge ließ seine Gemahlin 1256 in einem Eifersuchtsanfall enthaupten, erst im Nachhinein erwies sich ihre Unschuld. Diese unritterliche Tat allerdings hing ihm zeitlebens an. Als er 17 Jahre später in Köln an einem Turnier teilnehmen wollte, erschienen an die hundert Ritter, die zu seiner Schande das Bild einer enthaupteten Frau auf ihren Schilden führten. Doch nicht immer ernteten Übergriffe gegen adlige Damen den Tadel der Zeitgenossen. Als Edward I. 1306 die Schwester von Robert the Bruce und die Gräfin von Buchan gefangennahm, wurden die zwei Frauen nicht etwa, wie man hätte erwarten können, in Klöster nach England geschickt. Stattdessen baute man Käfige für sie, und sie wurden in aller Öffentlichkeit zur Schau gestellt, die eine in Roxburgh und die andere in Berwick. Der Umstand, dass die Käfige mit einer eingebauten Sanitärecke ausgestattet waren, ist wohl kaum eine Entschuldigung für Edwards Verhalten, aber seltsamerweise hat ihm niemand vorgeworfen, er habe sich nicht ritterlich benommen. Von Edward III., einem anderen König von England, kursiert eine Geschichte, er habe die Gräfin von Salisbury vergewaltigt. Das dürfen Sie allerdings nicht glauben; die Namen, Orte und Zeitangaben passen schlicht nicht zusammen. Edward war ein wahrer Ritter.

Schwüre und Liebespfänder

Oft sind es ihre Frauen und Freundinnen, deretwegen Ritter Schwüre leisten, dass sie kühne Kriegstaten vollbringen wollen. Sie können das Glück haben, dass die Frau Ihres Herzens Ihnen ein Pfand gibt, etwa einen abknöpfbaren Ärmel, den Sie an Ihren Helm oder Ihre Lanze binden können; als Gegenleistung erwartet sie, dass Sie in ihrem Namen edle Taten vollbringen. William Marmions Angebetete entschied sich, ihm eine vergoldete Helmzier zu schenken, und gebot ihm, sie an der gefährlichsten Stelle in ganz England berühmt zu machen. Prompt brach Marmion in aller Hingabe auf und wurde wegen dieser Ergebenheit beinahe während der Belagerung der Burg Norham getötet.

Manchmal verwenden Damen auch fragwürdige Überzeugungsmittel. Als die Schotten zu Anfang des 14. Jahrhunderts Burg Douglas eroberten, fanden sie bei der Leiche des Schlosshauptmanns einen Brief, in dem seine Freundin versprach, sich ihm hinzugeben, sobald er es geschafft habe, die Burg für ein Jahr zu verteidigen. Wenn Ihnen ein Geschäft in dieser Art angeboten wird, sollten Sie sich fragen, ob die Dame es wirklich ernst meint. Möglicherweise sucht sie bloß einen Weg, den unerwünschten Verehrer loszuwerden, indem sie Sie in Gefahr bringt.

Zu Beginn des Krieges Edwards III. mit Frankreich fand ein großes Gastmahl statt, dessen Prunkstück ein gebratener Reiher war. Laut einem Gedicht über das Fest, *The Vows of the Heron* (*Die Gelübde des Reihers*), schworen alle Anwesenden, im anstehenden Kampf große Taten zu vollbringen. Die schöne Tochter des Earls von Derby legte einen Finger über ein Auge des Earls von Salisbury, und er schwor, es nicht wieder zu öffnen, ehe er das französische Land in Brand gesteckt und gegen die Armee Philippes VI. gekämpft habe. Das Gedicht macht sich über diesen Brauch lustig. Salisbury konnte damals bereits auf einem Auge nichts mehr sehen und erklärte sich folglich entweder bereit, blind in den Krieg zu ziehen, oder er leistete einen Schwur, der ihn nichts kostete.

Obwohl es sich hier um einen satirischen Bericht handelt, trifft es doch zu, dass in den späten 1330er-Jahren eine Anzahl junger Männer beim Auszug in den Krieg Augenklappen trug, um geleistete Versprechen zu erfüllen. Vernünftig war das nicht, und die Freundinnen, die sie dazu überredet hatten, hätten es besser wissen müssen.

Unrealistische oder gefährliche Schwüre brauchen Sie nicht abzugeben, und sollte das Ziel Ihrer Wünsche sie dazu herumkriegen wollen, werden Sie sie besser los. Elisabeth von Jülich, die reiche Witwe des Earls von Kent und eine Nichte der englischen Königin Philippa, verliebte sich in Eustache d'Auberchicourt. Sie hatte eine gute Vorstellung davon, was ein Ritter wirklich braucht, und gewährte ihm praktische Hilfestellung ebenso wie Unterpfänder seiner Treue. Während ihr geliebter Eustache in der Champagne kämpfte, „sandte sie

Ein burgundischer Zierschild, der einen Ritter bei einem Schwur an seine Dame zeigt. Die Devise auf einem Spruchband lautet „Ihr oder der Tod". Ein Skelett hinter dem Ritter deutet an, dass es auf den Tod hinausläuft.

ihm mehrere Pferde und Streitrösser, dazu Liebesbriefe und andere Zeichen ihrer Neigung, durch welche der Ritter zu noch größeren Heldentaten bewegt wurde und solche Dinge vollbrachte, dass alle Welt von ihm sprach".

Turniere

Frauen spielen eine große Rolle bei sämtlichen Ereignissen rund um das Turnier, und Sie werden eine wunderbare Zeit damit verbringen, ihnen den Hof zu machen und mit ihnen – natürlich mit allem Anstand – zu flirten. Die Damen führen die Ritter bei Umzügen an, sie drängen sich auf den Zuschauertribünen, jubeln ihrem Favoriten zu und vergnügen sich bei Gelagen und Tänzen. Beim Londoner Turnier von 1390 waren für sie sogar eigene Preise ausgesetzt, wie die allgemeine Einladung zu den Tjosten beschrieb:

Und die Dame oder Jungfrau, die diese drei genannten Tage lang am besten tanzt oder das fröhlichste Leben führt, nämlich Sonntag, Montag und Dienstag, wird von den Rittern eine goldene Brosche erhalten. Und die Dame, die nach ihr am besten tanzt und feiert, will sagen, den zweiten Preis für diese drei Tage, erhält einen Goldring mit einem Diamanten.

Nicht folgen sollte man dem Beispiel eines deutschen Turniers des 13. Jahrhunderts in Magdeburg, bei dem der erste Preis eine Frau war. Geben Sie auch acht, dass die Frauen in der Aufregung des Turniers nicht zu weit gehen. Es gibt die Geschichte, wie eine größere Gruppe ansehnlicher junger Damen aus England, so an die 40 oder 50, auf die Idee kam, Männerkleider anzuziehen und bei Turnieren auf edlen Pferden zu erscheinen. Zum Missfallen des Chronisten Henry Knighton, aber zweifellos zur Begeisterung der Zuschauer „stellten sie lüstern und unzüchtig ihre Leiber in anstößiger Weise zur Schau".

Heiraten

Bei Ihrer Karriereplanung sollten Sie gründlich überlegen, welche Art Ehe Sie eingehen. Die richtige Frau wird Ihnen die Unterstützung geben, die Sie für Ihre Militärlaufbahn brauchen. Heiraten Sie Geld, dann haben Sie die Mittel, um alle mit dem Krieg verbundenen Kosten zu bestreiten. Heiraten Sie unüberlegt, dann haben Sie Probleme und Ablenkungen, auf die Sie gern verzichten könnten.

Hugh Calveley kann da als warnendes Beispiel dienen. 1368 heiratete er Constança, die Tochter eines sizilianischen Adligen und Hofdame der Königin von Aragon. Sie brachte eine ansehnliche Mitgift in die Ehe mit, aber so sehr es ihr anfangs gefiel, mit einem Helden des englisch-französischen Krieges vermählt zu sein, so schnell legte sich ihre Begeisterung. Die Ehe blieb kinderlos und Constança weigerte sich, ihre Güter bei Valencia zu verlassen und bei Calveley zu leben; stattdessen wurde sie die Geliebte von Juan, dem Sohn Pedros IV.

HEIRATEN 155

Walter von Klingen, einen Gefolgsmann des deutschen Königs Rudolf von Habsburg, sieht man hier erfolgreich bei einem Tjost, in dem er seinen Gegner aus dem Sattel hebt. Von einem Balkon aus sehen Damen dem Wettstreit zu.

Dagegen führte Calveleys Waffengefährte Robert Knollys eine sehr glückliche Ehe. Er suchte keine vermögende Braut oder exotische Schönheit aus dem Ausland. Seine Constance kam aus Yorkshire und war eher eine Frau mit Charakter als ein reicher Fang. Sie lernte Robert in der Bretagne kennen, wo sie im Krieg eine aktive Rolle gespielt und sogar Streitkräfte angeführt hatte. Häufig begleitete sie ihren Mann auf dessen Expeditionen, und ihre Kinder taten dasselbe. Man braucht wohl nicht eigens zu betonen, dass es höchst unüblich für eine Frau ist, sich irgendwie am Krieg zu beteiligen.

Der beste Rat lautet, einen der folgenden Wege einzuschlagen:

- Finden Sie eine Frau wie Constance Knollys, die mit Ihnen jedes Abenteuer besteht.
- Folgen Sie dem Vorbild Eustache d'Auberchicourts und finden Sie eine reiche Witwe, die Sie liebt.
- Heiraten Sie eine, die Ihre Geschäfte regeln kann; John Hawkwoods italienische Frau Donnina war äußerst gebildet und eine gute Geschäftsfrau. Außerdem war sie die uneheliche Tochter des Mailänder Stadtherrn Bernabò Visconti und brachte Kapital und glänzende Verbindungen mit in die Ehe.

Ärger mit der holden Weiblichkeit

Es kann sein – so behaupten es jedenfalls Charny und andere –, dass die Verehrung für eine Frau Sie antreibt, Großes auf Feldzügen und auf dem Schlachtfeld zu vollbringen. Doch ab und zu sollten Sie diese romantischen Vorstellungen an der Realität messen; Frauen können Ihnen richtig Ärger machen. Nehmen Sie nur William Gold, der in Italien an der Seite John Hawkwoods diente. Gold legte sich eine französische Geliebte namens Janet zu, die ihm mitzuteilen vergaß, dass sie bereits einen Ehemann hatte. Sie lief weg und nahm einen Teil von Williams Geld mit. Der war untröstlich und schrieb in bewegten Worten über den Vorfall:

Liebe überwältigt alle Dinge, da sie selbst die Standhaften niederstreckt, sie ungeduldig macht, ihnen jeden Mut nimmt, selbst die Spitzen hoher Türme in den Abgrund stürzt, zur Zwietracht drängt, sodass es sie in tödliche Zweikämpfe zieht, wie es mir geschehen und widerfahren ist um dieser Janet willen, da mein Herz sich so nach ihr verzehrte.

All die Mühen, die Gold unternahm, um Janet zurückzubekommen, lenkten ihn vom Kriegshandwerk ab. Zuletzt vergaß er Janet und diente der Stadt Venedig, als ihm keine Frau mehr durch den Kopf ging, so gut, dass er dort das Bürgerrecht erhielt.

Auch Oswald von Wolkenstein musste erleben, wie seine Herzensdame ihn in einen Hinterhalt lockte. Als fatal erwies sich seine jahrelange leidenschaftliche Affäre mit der Bürgersfrau Anna Hausmann. Wegen Geldstreitigkeiten trat diese 1421 als Komplizin an die Seite seiner Feinde, die Oswald gefangennahmen und folterten. „Mit Lust hat sie so manche Nacht sich nackt mit mir vereint. Es tut mir weh, denk ich daran – an Armen, Beinen bin ich hart gefesselt." Statt eines goldenen Kettchens, so klagte der Dichter, müsse er nun der Geliebten zum Gefallen Eisenringe tragen.

Im ganzen Werk des Geoffroi de Charny finden Sie auf keiner Seite ein Wort, das andeutet, Ihr Herzblatt könnte jemals etwas anderes sein als treu und hingebungsvoll. Glauben Sie bloß nicht alles, was Sie lesen. Sie können sich durchaus Gedanken machen, was sie wohl in Ihrer Abwesenheit treibt, und Sie sind womöglich zu Recht besorgt. 1303 kam William Latimer, einer der Ritter im persönlichen Gefolge Edwards I., während des Feldzugs in Schottland zum König und klagte, er habe gehört, dass seine Frau entführt worden und freiwillig mitgegangen sei. Der König war hoch empört und verlangte, es sollte irgendeine juristische Abhilfe geschaffen werden. Schließlich verlieh man Latimer umfassende Befugnisse, seine Frau zu verhaften und zurückzuholen, aber bis dahin hatte sie es sich als Geliebte eines anderen Ritters, Nicholas Meinill, gemütlich gemacht – und obwohl sie später auch ihn verließ, kehrte sie nie zu Latimer zurück.

Der Chronist Froissart erzäht eine Geschichte über zwei Waffenbrüder, namens Louis Raimbaut und Limousin. Raimbaut hatte eine Geliebte, an der er bis zur Unvernunft hing, und als er auf einem Feldzug abwesend war, vertraute er sie Limousin an. Der tat leider einiges mehr, als nur auf sie achtzugeben, und der Tratsch darüber kam prompt bei Raimbaut an, der Limousin fast bis auf die Haut ausziehen, durch die Stadt führen und öffentlich züchtigen ließ. Später geriet Raimbaut in Gefangenschaft und musste sich Limousins Spott anhören: „Eine Frau hätte zwei Waffenbrüdern dienen können, wie wir damals waren." So etwas sollten Sie besser nicht nachmachen.

Boucicaut ließ niemals zu, dass er auf falsche Gedanken kam, aber vielleicht ist es eine überzogene Erwartung, dass Sie imstande sein werden, seinem Beispiel ritterlicher Sittsamkeit zu folgen. Was machen Sie mit den Resultaten unerlaubter Beziehungen? Walter Mauny hatte zwei uneheliche Töchter, Maloisel und Malpleasant, die er in ein Kloster verfrachtete. Als John de Warenne, Earl von Surrey, seine Geliebte abstieß, schickte er die beiden Söhne, die er von ihr hatte, weg, damit sie Johanniter wurden.

John Hawkwood hingegen sorgte für seine unehelichen Kinder. Sein Sohn Thomas wurde Soldat und zeichnete sich im englisch-französischen Krieg aus, während Hawkwood seinen Einfluss beim Papst ausnutzte, um einem weiteren Sohn, John, eine kirchliche Laufbahn zu sichern. Das ist garantiert das richtige Vorbild.

Hätten Sie's gewusst?

- 1338 verteidigte Agnes, Gräfin von Dunbar, 19 Wochen lang erfolgreich ihre Burg.

- Der französische Arzt Henri de Mondeville schlug üppig gebauten jungen Frauen, die sich keiner plastischen Operation unterziehen wollten, stattdessen vor, sie könnten Hemden mit zwei passend geformten Ausbuchtungen tragen, die als Stütze dienten.

- Der englische Ritter Thomas Murdak wurde 1316 von seiner Frau ermordet; sie und ihre Komplizen hackten ihn mittendurch.

- Manchen Rittern Richards II. von England wurde vorgeworfen, sie kümmerten sich zu sehr um Frauen, „zeigten mehr Können im Schlafzimmer als auf dem Schlachtfeld, verteidigten sich eher mit ihrer Zunge als mit der Lanze".

- 1386 nahm die Armee von Padua 211 Prostituierte gefangen, als sie ein Heer aus Verona besiegt hatten. Man behandelte sie sehr anständig, und sie speisten mit dem Herrn von Padua.

XII Belagerungen

So sehr unsere Kanonen die Wälle des Vorwerks oder die Mauern und Türme am Tag schwächten, bei Nacht behob der Feind die Schäden auf dem Werk und den Wällen mit Holz, Faschinen und Fässern voll Erde, Mist, Sand oder Steinen.

Gesta Henrici Quinti (1415)

Ritter sind im Belagern nicht besonders gut, denn Lanze und Schwert helfen wenig, wenn es gegen Steinmauern und Erdwälle geht. Doch Sie werden feststellen, dass Sie viel Zeit auf Ihren Feldzügen damit verbringen, vor einer Burg oder Stadt zu lagern und deren Übergabe zu erwarten. Oder Sie sind vielleicht Teil einer Garnison und verteidigen die Mauern gegen Angriffe. Zum Großteil ist der Belagerungskrieg langsam und wohlüberlegt, wobei jede Seite die Vorteile der anderen zunichte zu machen sucht; dazwischen gibt es Momente, in denen die Ereignisse sich überschlagen, einen Sturmangriff oder einen Ausfall.

Es bestehen Regeln, die bestimmen, wie eine Belagerung ablaufen muss, von der förmlichen Kampfansage zu Beginn bis zur Kapitulation am Ende.

Sturmangriff

Versuchen Sie nie, die Burg oder Stadt, die Sie belagern, im direkten Sturm ohne die richtige Ausrüstung zu nehmen. Als die Engländer

1300 die kleine schottische Burg Caerlaverock belagerten, stürzten die einfachen Soldaten auf die Mauern zu und wurden zurückgetrieben, als die Verteidiger Steine und Geschosse auf sie schleuderten. Dann griffen die Ritter an. Diese Szene beschreibt *The Siege of Caerlaverock* so:

> Viele rannten hierhin, viele sprangen dorthin ... Dann konnte man derartige Steine geschleudert sehen, dass sie Hauben und Helme zu Staub zerschlugen und Schilde und Tartschen in Stücke brachen; denn Töten und Verwunden war das Spiel, das sie spielten.

Eine Gruppe war besonders kopflos und drängte nach vorn auf die Burg zu, ohne an ihre Deckung zu denken und ohne jede Chance, die Abwehr zu durchbrechen:

> Sie handelten nicht wie umsichtige Leute oder wie Menschen, die das Verstehen erleuchtet; sondern als wären sie von Stolz und Verzweiflung entflammt und verblendet, denn sie bahnten sich ihren Weg geradehin bis an den Rand des Grabens.

Bald waren die Schilde zerschmettert, die Männer wund und erschöpft. Der Sturm war sinnlos. Wenn Sie schon einen direkten Sturmangriff machen, werden Sie mehr Erfolg haben, falls Sie Sturmleitern oder andere Mittel besitzen, die Mauerkrone zu erreichen, obwohl auch das riskant und nicht sehr zu empfehlen ist.

Als Boucicaut 1399 eine Burg bei Konstantinopel belagerte, wurden zwei Leitern aufgestellt, nur um von den Verteidigern mit Wurfgeschossen zerbrochen zu werden. Da befahl Boucicaut den Bau einer robusteren Leiter aus zwei Schiffsmasten. Der erste Ritter auf der Leiter kämpfte tapfer, wurde jedoch entwaffnet; ein Knappe, der als Nächster kam, erkämpfte sich den Weg auf die Mauern, und zehn oder zwölf Mann folgten ihm, dann brach die Leiter. Die Angreifer wurden nur gerettet, weil sich einige ihrer Kameraden durch einen Stollen den Weg in die Burg gebahnt hatten.

Dieses Bild aus einer Handschrift der *Reisen des Marco Polo* zeigt den Gebrauch von Sturmleitern beim Angriff auf eine Stadt.

Am besten ist es wohl, Sie lassen sich eine Teleskopleiter konstruieren, wie sie der Kriegstechniker Konrad Kyeser entwickelt hat. Die Praxistauglichkeit dieser Erfindung sollten Sie aber vorab von Ihrem Knappen testen lassen.

Mit List und Tücke ans Ziel

Eine lange Belagerung sollten Sie möglichst vermeiden: Sie kann äußerst langweilig werden. Überraschungsangriffe sind da eine hervorragende Alternative. Die Schotten zeigten sich als Meister in dieser Art Kriegführung, als sie Anfang des 14. Jahrhunderts eine englische Burg nach der anderen eroberten. Bei einer Gelegenheit versteckten sie Männer in einer Fuhre Heu, und als der Wagen durch das Burgtor rollte, wurden die Zugriemen zerschnitten, womit das Tor blockiert und offen war. Zur Überraschung der Verteidiger sprangen die Schotten aus dem Heu und ihre Kameraden vor der Burg stürmten herein. Ein andermal unternahmen die Schotten einen erfolgreichen Nachtangriff auf eine Burg, indem sie auf allen vieren gingen, wie Kühe muhten und die (offenbar ganz schön dümmlichen) Wächter vollständig täuschten.

Die Festung Edinburgh fiel 1314, weil ein Schotte einen Weg kannte, den Felsen zu erklettern, auf dem die Burg steht. Als junger Mann hatte er zur Garnison gehört und sich diese Route eingeprägt, um seine Freundin in der Stadt besuchen zu können. Im passenden Moment starteten die Schotten einen Ablenkungsangriff auf das Haupttor der Burg, während ein Trupp den Felsen erkletterte und sich den Weg nach drinnen erzwang.

Nicht nur die Schotten sind darin geschickt, den Feind zu übertölpeln. Bertrand du Guesclin gebrauchte eine Überraschungstaktik ähnlich den Tricks der Schotten, als er in seiner Jugend die Burg Fougeray nahm, indem er sich und seine Männer als Holzfäller verkleidete. Ein gascognischer Soldat, der Bascot de Mauléon, war erfolgreich, als er sich mit seinen Leuten als Wasserträgerinnen ausgab, die ihre Lasten in die Burg schafften. Vielleicht halten Sie es für nicht ritterlich, solche Listen zu gebrauchen, aber falls Sie Erfolg haben, werden Sie kaum Kritik daran hören.

Minengänge

Sie können Bergleute als Mineure einsetzen, um Burgmauern zum Einsturz zu bringen oder sogar einen Weg in die Burg zu bahnen. Doch es kann lange dauern, einen Stollen zu bauen, besonders wenn der Boden hart und felsig ist.

Als der Herzog von Bourbon 1385 die Burg Verteuil am Ufer der Charente belagerte, gab es lange Debatten, ob der beste Angriffsweg Sturmleitern oder ein Minengang seien. Nach einer berittenen Erkundung des Schauplatzes entschied sich der Herzog für den Stollen. Die Burg stand auf Felsboden und die Erdarbeiten dauerten sechs Wochen. Ein königlicher Befehl an den Herzog, nach Flandern zu ziehen, stellte ihn vor ein großes Problem; es wäre unehrenhaft gewesen, die Belagerung aufzuheben, aber ebenso unehrenhaft, eine königliche Anweisung nicht zu befolgen. Eile war geboten. Der König schickte mehr Geld, und der Herzog verdoppelte die Zahl der Mineure. Als der Gang bereit war, betrat ihn der Herzog selbst. Der Kommandeur der Verteidiger, Montferrand, war so perplex, sich einem derart hochrangigen Widersacher gegenüberzusehen, dass er prompt die Kapitulation anbot. Die Vereinbarung umfasste eine denkwürdige Bedingung, dass eine Anzahl Angreifer (darunter Boucicaut) einer nach dem anderen die Verteidiger in der Finsternis des Stollens bekämpfen sollte. Nachdem das erledigt war, fand die offizielle Übergabezeremonie statt. Montferrand fiel vor dem Herzog auf die Knie, versprach ihm als sein Mann zu dienen und erhielt von ihm den Ritterschlag. So zumindest lautet der Bericht in der Biographie des Herzogs; Boucicauts *Leben* spricht von einer Mauerbresche, die der Stollen gerissen hatte, und lässt seinen Helden als einen der Ersten eindringen, Mann gegen Mann mit Lanze und Schwert so mutig kämpfend, wie nur er es konnte.

Gegen Minen empfehlen sich Gegenminen. Henry V. versuchte die Mauern von Harfleur zu unterminieren, doch zweimal vereitelte dies die Geschicklichkeit der Belagerten, die eigene Minen vortrieben, um die von den Engländern errichteten zu blockieren.

Unter Beschuss

Die beste Methode, eine Burg zu bezwingen, ist wahrscheinlich das Bombardement mit Belagerungsmaschinen und Kanonen; allerdings werden Sie feststellen, dass Sie als Ritter dabei nicht viel zu tun haben. Als 1300 vor Caerlaverock die Sturmangriffe fehlschlugen, war es Meister Robert von Holme, der Ingenieur, der den Durchbruch erzielte. Er hatte vier große Steinwurfmaschinen, sogenannte Bliden, errichtet, die zerlegt über See herantransportiert worden waren. Rechnungen belegen einen Teil der Kosten:

> Für Simon de Rish, Schiffer des Schiffes *St. George of Dartmouth*, für Transport und Verladen zweier Maschinen des

Diese Stadt wird durch ein hölzernes Vorwerk verteidigt, von dem aus Bogenschützen und ein Armbrustschütze auf die Angreifer schießen. Die Belagerer haben eine große Bombarde, neben der die passenden Steinkugeln liegen. Eine Sturmleiter dient zum Angriff, während Bogenschützen auf die Verteidiger feuern.

Königs nach Caerlaverock, und für entstandene Schäden, als die Maschinen seine Taue zerrissen, ihm persönlich in Caerlaverock ausgezahlt: 6 Shilling 8 Pence.

Der Beschuss durch die Bliden war zu viel für die Garnison. Steine regneten auf sie nieder und forderten viele Verluste. Man bot die Übergabe an. Die Belagerung hatte nicht länger als eine Woche gedauert.

Boucicauts Belagerung von Montignac, einer Burg des Grafen vom Périgord, zeigt ebenfalls, wie wirksam Beschuss sein kann. 1398 marschierte Boucicaut mit rund 1000 Mann vor die Burg. Fünf vierrädrige lange Karren trugen die schwere Belagerungsausrüstung, drei Karren die Zelte und 200 Saumpferde das restliche Gepäck. Als Auftakt der Verhandlungen wurde die rechtsgültige Vorladung an den Grafen verlesen; die Antwort kam in Gestalt von Armbrustbolzen. Ein direkter Sturm richtete nichts aus; ein paar Männer erreichten zwar die Mauerkrone, aber nur um in den Tod gestürzt zu werden. Zimmerleute und andere Arbeiter wurden angeworben, vier Bliden und drei *couillards* aufgebaut. Auch Kanonen richtete man auf die Burg. Das Bombardement dauerte rund zwei Monate, und schließlich bot der Graf die Übergabe an. Boucicaut stimmte den Bedingungen zu; dem Grafen wurde versprochen, ihm kein Haar zu krümmen, und seine Männer durften die Burg mit Ross und Waffen verlassen. Dieser Ausgang war zufriedenstellend, aber die Belagerung war lang gewesen und hatte den Rittern keine Gelegenheit geboten, ihre Waffenkunst zu zeigen. Wie dieses Beispiel zeigt, sind es Bliden und Geschütze, die zur Kapitulation führen, nicht Ritter und Waffenknechte.

Belagerungsmaschinen

Von Kriegsmaschinen und ihrer Wirkung müssen Sie einiges verstehen, auch wenn es die Ingenieure und Kanoniere sind, die sie bedienen und das nötige technische Wissen haben.

Der Tribok: Dies ist die größte und imposanteste Wurfmaschine, auch Blide genannt. Sie funktioniert mithilfe eines Gegengewichts am einen Ende eines langen Balkens, an dessen anderem eine Schlinge

Die Wucht eines Triboks kommt vom Gegengewicht. Wird es freigegeben, schnellt der lange Balken nach oben und das Steingeschloss wird auf einer steilen Flugbahn aus der Schlinge geschleudert.

sitzt. Der Balken dreht sich in einem großen Rahmen. Weil das Gegengewicht so schwer ist (bis zu zehn Tonnen sind möglich), erlaubt es ein System aus Seilen und Winden, den Balken schussbereit nach unten zu ziehen. Bliden können Steine von 100–150 Kilogramm über gut 200 Meter schleudern. Sie sind zielgenau, vorausgesetzt, alle Steine haben dasselbe Gewicht.

Der Couillard: Das ist eine leichtere Version des Triboks. Er hat zwei Gegengewichte und ist auf einem einzelnen Pfahl montiert; die Gegengewichte schwingen beiderseits des Pfahles nach unten. Der Name leitet sich von einem Slangwort für „Hoden" ab, denen die zwei Gegengewichte ähneln.

Auf dem Bild wird ein *couillard* geladen, bereit, einen Stein auf eine belagerte Burg zu schleudern. Man erkennt den Stein, der gleich freigegeben wird, gut in seiner Schlinge.

Die Balliste: Diese Maschine nutzt die Kraft verdrehter Seile. Ein massiver Rahmen ist dafür nötig; zwei Bogenarme werden zwischen die Seile gesteckt. Eine Winde oder Schraube zieht die Bogensehne zurück; anschließend verschießt die Waffe einen großen Bolzen. Sie wird häufiger zur Verteidigung einer Burg gebraucht als für Angriffe, ist aber mächtig: Ein Ballistenbolzen kann sich durch vier oder fünf Männer hintereinander bohren.

Die Katze: Ein starkes Schutzdach, das man gegen die Mauern rollen kann. Im Schutz einer Katze kann man einen Rammbock einsetzen, oder Arbeiter können mit Spitzhacken auf die Burgmauern losschlagen.

Die Katze rollt man an eine Burg, sodass man die Burg mit Hacken angreifen kann. Die Verteidiger haben Balken vor die Mauern gehängt, um ihnen einen gewissen Schutz zu gewähren. Rammböcke können Breschen in dicke Burgmauern schlagen.

Der Belagerungsturm: Der große Holzturm auf Rädern lässt sich auf einer gründlich vorbereiteten Rampe gegen die Mauern einer Burg rollen. Anschließend können Sie von diesem Turm aus die Burg angreifen.

Ein Belagerungsturm rollt vor eine Burg, und eine Zugbrücke senkt sich auf die Mauerkrone.

Kanonen

Das modernste Werkzeug im Arsenal des Belagerers. Schießpulver als Sprengstoff ist spätestens seit Anfang des letzten Jahrhunderts bei Belagerungen in Gebrauch gewesen, und Kanonen kannte man bereits in den 1320er-Jahren. Es brauchte viel Zeit, bis man schweres Geschütz entwickelt hatte, das Mauern brechen konnte, und es bereitet nach wie vor große Probleme. Kanonen haben eine lange Ladezeit; zwölf Schuss am Tag sind schon eine hohe Feuerrate. Bei manchen Belagerungen haben sie ihren Wert unter Beweis gestellt, aber es ist un-

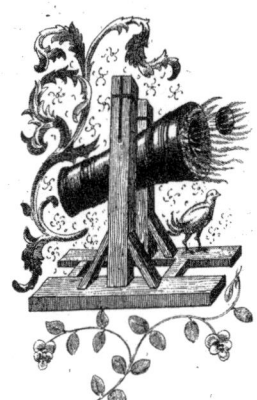 

Bombarden lassen sich zwar nur langsam laden, können bei Belagerungen aber sehr wirksam sein. Aus Salpeter, Schwefel und Holzkohle wird das Schießpulver für sie hergestellt. Sie feuern Steinkugeln mit viel größerer Wucht ab als der schwerste Tribok und können Burgmauern zum Einsturz bringen.

denkbar, dass sie je mehr können werden, als den Tribok zu ergänzen. Wirkungsvoller sind da schon die kleineren Handbüchsen, die zunächst mit Pfeilen, jetzt aber zunehmend auch mit Bleigeschossen geladen werden. Neu auf dem Markt sind die sogenannten Hakenbüchsen. Wegen ihres starken Rückstoßes müssen sie mit einem Haken auf den Zinnen oder einem Prellbock fixiert werden. Sie feuern nicht oft, aber weit und mit erstaunlicher Durchschlagskraft. Sie sollten zusehen, dass Sie nicht am falschen Ende dieser Geschütze stehen, wenn es knallt. Allerdings gibt es vermutlich kein wirklich sicheres Ende!

Aushungern

Eine Methode, eine Stadt oder Burg einzunehmen, besteht darin, sie durch Blockade buchstäblich auszuhungern. Vermeiden Sie es möglichst, in so etwas hineinzugeraten. Einschließungen dauern normalerweise lange und stürzen oft beide Seiten ins Elend.

1316 musste die englische Garnison von Berwick ihre Pferde essen (was die Engländer noch nie gern getan haben). Die Ritter und Waffenknechte bekamen das Fleisch, während die Infanterie die Knochen abnagen durfte. Bei der Belagerung von Iglesias auf Sardinien durch den König von Aragon, die 1323 begann und sieben Monate dauerte, wurden beide Seiten von einer schweren Epidemie heimgesucht. Die Stadtbewohner waren gezwungen, Ratten und Gras zu essen, und als der Ort Anfang 1324 endlich kapitulierte, gab es nur noch Essen für einen einzigen Tag. Während der Belagerung von Brest sorgte 1373 pausenloser Regen für große Probleme. Die französischen Belagerer hatten nichts zu essen, während die Engländer in der Stadt genötigt waren, ihre Pferde zu verspeisen. Die Belagerung scheiterte schließlich, als englische Schiffe zuhilfe kamen.

Verhandeln

Belagerungen können sehr teuer und langwierig sein. Der bessere Weg besteht darin, eine Kapitulation auszuhandeln. Kommen Sie dabei den Verteidigern einer Stadt oder Burg in einigen Punkten entgegen, damit sie mit dem Gefühl abziehen können, dass ihre Ehre gewahrt ist. Viel schwerer wird es, wenn Sie auf bedingungsloser Kapitulation bestehen und erwarten, dass die Garnison buchstäblich in Sack und Asche auszieht.

Eventuell können Sie die Besatzung mit einer Ablösesumme herausbekommen. 1375 übergaben die Engländer die Burg St. Sauveur in der Normandie gegen eine Zahlung von 53 000 Francs. Das kann Probleme geben; die Annahme so einer Geldsumme kann als unehrenhaft betrachtet werden, und so war die Übergabe von St. Sauveur 1376 einer der Vorwürfe gegen William Latimer vor dem englischen Parlament. Achten Sie also möglichst darauf, dass alle Seiten ehrenhaft aus der Sache herauskommen.

Eine gängige Vereinbarung lautet, dass eine Besatzung einwilligt, nach einer bestimmten Zeit zu kapitulieren, falls keine Entsatzarmee erscheint, um sie zu retten. Die Schlacht von Bannockburn war die Folge einer solchen Abmachung; 1314 stimmten die Engländer in Stirling Castle der Übergabe zu, falls sie bis Mittsommer nicht entsetzt wären. Am Ende erschien die englische Armee zwar rechtzeitig, aber die Schotten verlegten ihr das letzte Wegstück bis zur Burg und besiegten sie dann auf dem Schlachtfeld. Dementsprechend kapitulierte die Burg. Vor Iglesias in Sardinien einigte man sich, die Übergabe werde am 13. Februar 1324 stattfinden, wenn kein Entsatz komme. Tatsächlich gab die Garnison aus Verzweiflung eine Woche vorher auf.

Wenn es sich als unmöglich herausstellt, die Übergabe einer Stadt oder einer Burg auszuhandeln, dann ist es der Belagerungsarmee laut dem Kriegsrecht erlaubt, sie zu plündern. Das kann eine ziemlich brutale Angelegenheit werden.

Der Fall der Plünderung von Limoges (1370) durch den Schwarzen Prinzen und seine Männer ist besonders berüchtigt. Die Mauern wurden unterminiert und zum Einsturz gebracht, dann stürmten die Engländer ein und taten, was sie nicht lassen konnten. Froissart zeigt sich von dem, was geschah, mitgenommen:

> An jenem Tage war in der Stadt Limoges kein noch so verhärtetes oder im entferntesten gläubiges Herz, das nicht zutiefst die unseligen Ereignisse beklagt hätte, die vor ihren Augen geschahen; denn über dreitausend Männer, Frauen und Kinder wurden an jenem Tage zu Tode gebracht.

Juristisch gesehen hatten die Bürger allerdings Verrat am Prinzen begangen, und Limoges war schließlich mit Waffengewalt genommen worden. Die Engländer hatten jedes Recht, so zu handeln, obwohl viele es entsetzlich fanden.

Verteidigung

Glauben Sie nur nicht, eine Belagerung sei immer erfolgreich. Besonders die Belagerung von Großstädten hat in der Regel geringe Erfolgsaussichten.

> Ihre Wurfmaschinen und Buden und ihr ganzes Lager wurden zu Asche im oberen Feld.
> Man sagt, wer übel ausleiht, kriegt schlecht zurückgezahlt.
> So wollen wir bezahlen, Herzog Friedrich!
>
> Oswald von Wolkenstein über einen Ausfall während der Belagerung von Burg Greifenstein 1423

Sie können sich leicht auch innerhalb einer belagerten Burg als Teil von deren Besatzung wiederfinden. Die den Verteidigern verfügbaren Methoden ähneln denen der Belagerer.

- Sie können einen Sturmangriff mit einem Ausfall beantworten.
- Eine gut gegrabene Gegenmine erlaubt Ihnen einen unterirdischen Angriff auf die feindlichen Mineure.
- Ihre eigenen Wurfmaschinen können auf jene zielen, die Steine auf Ihre Burg schleudern.
- Armbrüste und Ballisten können Belagerer besonders wirksam ausschalten.
- Sie können sogar versuchen, Ihre Feinde an den Haken zu nehmen, als ob Sie nach ihnen angelten. Das klingt abwegig, kann aber funktionieren. Bei der Belagerung von Stirling 1304 wurde Henry de Beaumont auf diese Weise festgehakt und wäre beinahe in die Burg gezogen worden.

Belagert zu werden ist keine angenehme Erfahrung. Vielleicht können Sie die Sache aber abkürzen, indem Sie einen Belagerer zum Zweikampf fordern und damit Ihren Ruf als Vollbringer von Waffentaten stärken. Wenn Ihre Stadt oder Burg belagert wird, müssen Sie eine angemessene Zeit lang durchhalten; niemand dürfte Sie eigentlich der Untreue oder unritterlichen Verhaltens bezichtigen, wenn Sie anschließend kapitulieren. Was Sie jedenfalls nicht tun sollten, ist, bis zum bitteren Ende auszuhalten; das ist den Hunger und das Elend nicht wert.

Hätten Sie's gewusst?

- Kirchendächer sind die perfekte Materialquelle für das Blei für die Gegengewichte eines Triboks.

- 1304 schlug Thomas Gray während der Belagerung von Stirling ein Ballistenbolzen unterhalb der Augen quer durch den Kopf, doch er erholte sich von dieser Wunde.

- Ein Totenbeschwörer behauptete gegenüber dem Herzog von Anjou, er könne aus dem Nichts eine Brücke entstehen lassen, sodass die Männer des Herzogs das Castel dell'Ovo im Golf von Neapel einnehmen könnten. Der Herzog glaubte ihm nicht und ließ ihm den Kopf abschlagen.

- Die Feuergeschwindigkeit eines Triboks beträgt ungefähr drei oder vier Steinwürfe pro Stunde.

- 1344 bauten die Verteidiger von Collioure an der französischen Mittelmeerküste einen Tribok auf, verrechneten sich aber mit der Schwere des Gegengewichts, sodass der Stein senkrecht in die Luft flog, wieder auf die Wurfmaschine fiel und sie zertrümmerte.

- Die hessische Burg Tannenberg wurde 1399 mit fünf Pulver- und zwei Wurfgeschützen unter Beschuss genommen. Die größte der Kanonen wog mehr als 3,5 Tonnen und war aus Frankfurt mit 20 Pferden herangeschafft worden, weitere 32 Pferde zogen die Munitionswagen.

XIII Die Schlacht

Banner vorwärts, vorwärts!
Nehmen wir Gott den Herrn zum Beschützer,
und jedermann möge sich ehrenhaft schlagen.

<small>Der Herzog von Lancaster (1367) laut dem Herold des John Chandos</small>

Für Geoffroi de Charny ist die Schlacht der Höhepunkt dessen, was ein Ritter tun kann. Denken Sie aber auch an die Gefahren. Bevor Sie in den Kampf reiten, durchdrungen vom Gefühl ritterlichen Ruhmes, entschlossen, zu zeigen, was Sie können, erinnern Sie sich an die Szene nach der Schlacht bei Nikopolis 1396. Boucicaut war gefangengenommen worden und stand in seinen Unterkleidern vor dem türkischen Sultan, darauf gefasst, wie so viele aus dem Christenheer hingerichtet zu werden. So etwas wollen Sie sicher vermeiden.

Sollen Sie kämpfen?

Erwarten Sie besser nicht, in vielen großen Schlachten zu kämpfen. Boucicaut war bloß an dreien beteiligt. Wenn Sie klug sind, bemerken Sie, dass die mit einer Schlacht verbundenen Risiken oft den möglichen Nutzen überwiegen. Die Heere der deutschen Thronkandidaten Ludwigs des Bayern und Friedrichs des Schönen lagen sich zwischen 1315 und 1320 fünfmal gegenüber, ohne dass eine Seite die Schlacht gewagt hätte. 1339 standen die Engländer und ihre Verbündeten bei Buirenfosse einen Tag lang einer französischen Armee gegenüber, aber es kam

Die Schlacht von Poitiers 1356, nach einer Handschrift der *Chroniken* Froissarts. Diese typische Schlachtszene zeigt links die siegreichen Engländer. Englische Bogenschützen schießen gerade auf die berittene französische Vorhut.

zu keinem Kampf. Man hielt die Kräfte für zu ausgeglichen, als dass man eine Schlacht hätte riskieren wollen. Andererseits gibt es Leute, die vertreten, dass ein Krieg nur durch eine Schlacht zu beenden ist. Wenn Sie sich auf den Standpunkt stellen, eine Schlacht sei eine Art Gottesurteil, dann wollen Sie beweisen, dass Ihre Seite im Recht ist. Sie werden feststellen, dass manche Feldherren darauf brennen, ihre Truppen in den Kampf zu schicken.

Die richtige Taktik entscheidet

Es ist eine gute Idee, die eigene Taktik vorher zu überlegen, und wenn Sie ein Ritter von hohem Ansehen sind, haben Sie eventuell auch die Chance dazu. Der älteste und immer wieder effektive Trick auf dem Schlachtfeld besteht in einem unerwarteten Flankenangriff. Eine kleine Reservetruppe im Hinterhalt reicht aus, um die feindlichen Reihen ins Wanken zu bringen. Schließlich können die Ritter unter ihren geschlossenen Helmen nicht sehen, was genau sie da angreift. Im Zweifel rechnen sie mit einer überlegenen Streitmacht. Fast alle großen Ritterschlachten des 13. und frühen 14. Jahrhunderts wurden so entschieden, besiegt wurde auf diese Weise etwa der Staufer Konradin bei Tagliacozzo, Ottokar II. von Böhmen auf dem Marchfeld 1278 oder Friedrich der Schöne bei Mühldorf 1322. Mittlerweile sind die taktischen Manöver durch den Einsatz von Schützen und Fußkämpfern zwar trickreicher geworden, aber Ihre Flanke sollten Sie auf jeden Fall im Blick haben.

Boucicaut entwarf vor der Schlacht von Agincourt 1415 folgenden Schlachtplan gegen die Engländer. Es sollte zwei große Haufen geben, einer davon als Vorhut, die sich zu einem einzigen zusammenschließen konnten. Zwei Flügeln aus Fußsoldaten auf beiden Seiten sollten jeweils Bogenschützen vorausgehen. Ein Reservebataillon aus tausend Waffenknechten sollte eingesetzt werden, um die englischen Schützen anzugreifen, während eine kleinere Reserve von 200 Mann einen weiten Bogen schlagen und den englischen Tross von hinten angreifen sollte. Am Ende konnten die Engländer dieser Taktik begegnen, indem sie ein schmales Schlachtfeld aussuchten, und die Franzosen waren außerstande, mit den englischen Schützen fertigzuwerden, die ihre Stellungen mit Pfählen schützten.

Stellen Sie sicher, dass sich das Gelände für die von Ihnen gewählte Kampfweise eignet.
- Der Sumpfboden von Bannockburn war für Pferde schwergängig.
- Bei Crécy machte eine kleine Böschung, die etwa zwei Meter tief abfiel, der französischen Kavallerie das Leben schwer. Der Abfall be-

fand sich auf jener Talseite, die der englischen Stellung gegenüberlag; die Franzosen konnten nicht direkt auf die feindliche Stellung vorrücken und gerieten in eine natürliche Falle, aus der kaum zu entkommen war.
- Bei Poitiers bildeten Steinmauern und Hecken gute Deckungen für die Engländer und behinderten die Franzosen.

Falls das Terrain nicht gut ist, kann man es eventuell verändern. Eine Verteidigungsstellung lässt sich ausbauen, indem man vor den Linien kleine Gruben aushebt, damit die Pferde beim Angriff hineinfallen. Bei Loudoun Hill verkleinerte Robert the Bruce 1307 durch das Ziehen von Gräben geschickt das Schlachtfeld. Bei Castagnaro hatte John Hawkwood seiner Kavallerie schon vorher den Weg für ihren entscheidenden Flankenangriff geebnet.

Bei Crécy formierten sich die Engländer 1346 an der Kante eines Abhangs. Gruben, die man vor ihren Bogenschützen grub, bildeten eine Abwehr gegen Reiter. Das Terrain zwang die Franzosen in eine höchst verwundbare Stellung.

Moral

Sie müssen in Kampfstimmung sein, also halten Sie Ihren Männern vor der Schlacht eine feurige Ansprache. Es ist Tradition, dass Feldherren durch eine Rede für den richtigen Kampfgeist zu sorgen versuchen, aber auf freiem Feld und inmitten des Lärms von Pferden und Männern, die ihre Rüstungen und Waffen bereit machen, ist es nicht leicht, sein eigenes Wort zu verstehen – geschweige denn eine Rede, die einer irgendwo vorn hält. 1356 bei Poitiers soll der Schwarze Prinz zwei Reden gehalten haben, eine an die Ritter und Waffenknechte sowie eine an die Bogenschützen. Er sagte den Männern, dass sie von echten Engländern abstammten,

> die unter der Führung meines Vaters und meiner Ahnen, der Könige von England, keine Mühe zu schwer fanden, keinen Ort unbesiegbar, keinen Boden undurchquerbar, keinen noch so hohen Hügel unzugänglich, keinen Turm unbesteigbar, kein Heer undurchdringlich, keinen bewaffneten Soldaten und keine Kriegsschar furchteinflößend.

Der Prinz war redekundig, aber richtig nötig ist es nicht, besonders wortgewandt zu sein. John Hawkwood hatte keine Mühe, seine Truppen zu beflügeln, doch heißt es, er sei „mit Hand und Fleiß tüchtiger gewesen als mit der Zunge".

Die Stimmung einer Truppe lässt sich nicht vorhersagen. Bei Agincourt war die englische Armee nach dem Marsch von Harfleur erschöpft. Viele Männer litten an der Ruhr. Verbringen Sie einmal die Nacht unter freiem Himmel, bei schwerem Regen und mit dem Befehl, nicht einen Laut von sich zu geben. Toll werden Sie sich am Morgen nicht fühlen. So stand es also vor der Schlacht, in der die Engländer einer Armee gegenüberstanden, die viel größer als ihre war. Henry V. tat sein Bestes, die Moral zu stärken, aber wer ihn beteuern hörte, dass er selbst bereit sei, im Gefecht zu sterben, kann nicht so richtig überzeugt gewesen sein, dass sie den Sieg schon in der Tasche hätten. Doch

Henrys Entschluss war klar und sein Beispiel spornte an. Irgendwie, beinahe wie durch ein Wunder, waren die englischen Truppen überzeugt, siegen zu können. Aus einer verzweifelten Lage wurde so ein entscheidender Vorteil.

Bloß keinen Streit! Das sagt sich so leicht. Zu den Standarderklärungen für eine Niederlage zählt, man habe sich vor der Schlacht zu viel gestritten. Bei Bannockburn kam es zwischen den Earls von Gloucester und Hereford zum Streit, wer das Recht habe, die Vorhut zu führen. Die anschließende selbstmörderische Attacke Gloucesters trug zur englischen Niederlage bei. Vor Crécy wurde unter den Franzosen lange diskutiert, ob sie angreifen sollten oder nicht; es wäre sinnvoller gewesen, die Truppen ruhen zu lassen, statt stur vorwärtszumarschieren. Bei Nikopolis waren sich die Kreuzfahrer uneinig, weshalb die französisch-burgundischen Ritter nicht richtig mit den Truppen König Sigismunds von Ungarn zusammenwirkten.

Aber es sind nicht nur die Besiegten, deren Kommandeure sich streiten. Bei der Schlacht von Auray 1364 kam es zu Tumulten, als Hugh Calveley dagegen protestierte, dass er nicht das Kommando über die Nachhut bekam, doch trotzdem gewannen die anglo-bretonischen Truppen die Schlacht. Dennoch können Sie davon ausgehen, dass Sie, falls Sie sich um die richtige Taktik streiten, wahrscheinlich schlecht dran sind, wenn der Kampf beginnt. Machen Sie gute Miene zu den Befehlen, die Sie erhalten, und stellen Sie sie nicht infrage.

Vermeiden Sie abgesprochene Schlachten

Es kann vorkommen, dass Ihre Gegner Sie herausfordern, eine Schlacht zu gleichen Bedingungen zu liefern. Vor Poitiers schlug de Charny vor, je hundert Mann von jeder Seite könnten die Sache unter sich ausmachen. Derartigen Vorschlägen sollten Sie sich widersetzen; wenn Sie Verstand im Kopf haben, müssen Sie dafür Sorge tragen, dass Sie im Kampf einen Vorteil besitzen.

Ein besonders bekanntes Treffen dieser Art, der Kampf der Dreißig, fand 1351 in der Bretagne statt. Jean de Beaumanoir forderte ei-

Hugh Calveley

Hugh Calveley kam aus Cheshire; seine Laufbahn als Krieger begann Anfang der 1340er-Jahre in der Bretagne und dauerte rund 40 Jahre. Er war der Waffenbruder von Robert Knollys. Calveley nahm 1361 Bertrand du Guesclin gefangen und kämpfte 1364 bei Auray. 1366 focht er in Spanien an der Seite seines Exgegners du Guesclin und stand im Folgejahr mit dem Schwarzen Prinzen bei Nájera. Auch weiterhin spielte Calveley bis Anfang der 1380er-Jahre eine prominente Rolle im Krieg Englands mit Frankreich; sein letzter Feldzug war der Kreuzzug des Bischofs von Norwich gegen Flandern 1383; er starb 1394.

nen englischen Hauptmann heraus, für jede Seite sollten drei Vorkämpfer antreten. Die Engländer lehnten ab, schlugen aber einen Kampf von 20 oder 30 auf jeder Seite an einem vereinbarten Ort vor. Man einigte sich auf Regeln, mit Startzeichen, Erfrischungspausen (eine Flasche Anjouwein pro Mann) und so weiter. Der Kampf war lang und zäh und endete in einem Triumph der Franzosen. Der englische Hauptmann und acht seiner Gefährten wurden erschlagen, der Rest gefangengenommen. Nach Rittermaßstäben war das ein ruhmreicher Zusammenstoß, und seine Überlebenden wurden stets in Ehren gehalten. Das heißt aber nicht, dass die Herausforderung eine tolle Idee war.

Der Kampf im Sattel

Für Sie als Ritter ist die traditionelle Kampfweise zu Pferde. Zu Beginn einer Schlacht sehen die Kavallerieverbände prachtvoll aus. Die Szene, als die Engländer 1307 ihre Kavallerie zum Angriff auf die Schotten formierten, beschrieb der Biograph von Robert the Bruce, John Barbour:

> Ihre Beckenhauben waren allesamt spiegelblank poliert, gleißend im Sonnenlicht; ihre Speere, ihre Wimpel und ihre Schilder erleuchteten alle Felder. Ihre besten, strahlend bestickten

Banner, Pferde vieler Schattierungen, Waffenröcke verschiedener Farben und Brünnen, die weiß wie Mehl waren, ließen sie glitzern, als glichen sie Engeln aus dem Himmelreich.

Die Attacke ist grauenvoll für jene, die reglos den Anprall der Streitrösser erwarten, wenn diese auf die Linien der Verteidiger treffen. Wieder vermittelt die Biographie von Robert the Bruce einen Eindruck, wie es war:

> Wärt ihr vorbeigekommen, ihr hättet das laute Krachen der Speere gehört, die zerbrachen, denn ihre Feinde griffen schnell an, mit größter Todesverachtung auf Rössern galoppierend, wie um den Earl und seine ganze Schar niederzureiten.

Es kann für Sie schwierig werden, im Kampfgetümmel fest im Sattel zu bleiben. In seinen jungen Jahren preschte Pedro IV. von Aragon auf Sardinien in die Schlacht. Rasch verlor er seine Lanze und fiel vom Pferd, setzte den Kampf aber zu Fuß fort. Er wurde von sage und schreibe 19 Hieben getroffen, doch sobald er sein Schwert zu packen

Checkliste Kampf im Sattel

- Wenn Sie attackieren, fangen Sie langsam an und halten Sie sich auf gleicher Höhe wie die übrigen Ritter.
- Galoppieren Sie niemals allein vor; geben Sie Ihrem Pferd erst die Sporen, wenn Sie dicht am Feind sind.
- Lanzen sind nur für den ersten Aufprall gut. Viele zerbrechen dabei, andere werden weggeworfen.
- Sind Sie einmal in die Reihen der Feinde vorgestoßen, stecken Sie im Handgemenge. Die beste Waffe in diesem Nahkampf Mann gegen Mann ist Ihr Schwert.
- Wenn Sie können, brechen Sie vollständig durch die feindliche Linie, wenden Sie und attackieren Sie sie nun im Rücken.

Der Kampf zu Pferde gibt dem Reiter einen Höhenvorteil, aber Pferde sind anfällig gegen Bogenschützen und Fußsoldaten mit Stangenwaffen.

bekam, das er *villardelle* nannte, begann der Feind ungeordnet zurückzuweichen.

Manchmal kann der Kampf im Sattel Wirkung zeigen. So triumphierte die französische Kavallerie 1328 bei Cassel und dann wieder 1382 bei Roosebeke, als die französischen und burgundischen Reiter die Bürger von Gent besiegten. Bei Poitiers war es die Kavallerie unter dem Gascogner Capital de Buch, die den Franzosen den letzten schweren Schlag versetzte. Doch wenn Sie sich entscheiden, so in der Schlacht zu kämpfen, tun sich potenziell große Probleme auf.

Es muss jeden Ritter beunruhigen, dass die jüngste Geschichte beweist, dass eine Niederlage wahrscheinlicher wird, wenn Sie aufgesessen zu kämpfen versuchen.

- In der Schlacht von Courtrai besiegten 1302 die flämischen Stadtbewohner, die zu Fuß kämpften, die Blüte der französischen Ritterschaft.
- Bei Bannockburn wurde die englische Kavallerie 1314 von den schottischen Speerträgern niedergestoßen.
- Schweizer Fußtruppen, die mit langen Hellebarden kämpften, siegten gegen eine österreichisch-habsburgische Ritterkavallerie 1315 bei Morgarten.
- Auch bei Laupen hatte die Schweizer Infanterie 1339 Erfolg gegen aristokratische Kavallerie.
- Die Engländer zerschlugen die französische Kavallerie auf spekta-

kuläre Weise bei Crécy; die Bogenschützen waren einer der Schlüssel zum Erfolg, aber im Handgemenge waren es dann die abgesessenen englischen Ritter und Waffenknechte, die die Schlacht gewannen.
- Bei Nájera waren 1367 die Truppen des Schwarzen Prinzen erfolgreich gegen die Kavallerie Heinrichs von Trastamara, des kastilischen Thronprätendenten.
- Bei Aljubarrota halfen 1385 abgesessene englische Streitkräfte, zu denen Bogenschützen gehörten, den Portugiesen beim Sieg über die franko-kastilische Armee.
- 1386 besiegte die Schweizer Infanterie bei Sempach die österreichische Kavallerie.

Das Handgemenge 1385 bei Aljubarrota war verbissen. Hier kämpft man Mann gegen Mann, gleichzeitig auch mit Bogen und Lanze.

Die Kreuzfahrerschlacht von Nikopolis war 1396 der endgültige Beweis für das Scheitern des Ritters zu Pferde. Dort focht Boucicaut mit ungewöhnlicher Tapferkeit. Er spornte sein großes Streitross an, das Schwert in der Hand, ritt durch die türkischen Reihen und wendete sein Pferd, um seinen Kameraden zuhilfe zu kommen. Es konnte nicht ausbleiben, dass man ihn gefangennahm. Sein Biograph beschreibt das Zahlenverhältnis, 20 Sarazenen auf einen Christen (wer's glaubt, wird selig). Er ist der Meinung, die Niederlage gehe zulasten der ungarischen Truppen, nicht der edlen französischen Ritter, die solchen Mut und so viel Kühnheit bewiesen hätten, aber Tatsache bleibt, dass die Ritter ein Fehlschlag waren. Türkische Bogenschützen spielten eine wichtige Rolle bei Sultan Bāyazids Triumph; indem sie auf die Pferde zielten, vernichteten sie die Hälfte der Kavallerie des Herzogs von Burgund.

Seien Sie zum Fußkampf bereit

Da beim Kampf zu Pferde so große Gefahren lauern, überlegen Sie es sich noch einmal. Die effizienteste Taktik besteht für Sie darin, dicht gepackt mit Ihren Kollegen – Rittern, Knappen und Waffenknechten – dazustehen und dem Feind zu Fuß entgegenzutreten. Diese Taktik wurde zuerst von den Engländern entwickelt.

- 1327 ordnete die englische Krone an, dass Ritter und Waffenknechte ihre großen Kriegspferde nicht mit auf den Feldzug gegen die Schotten nehmen sollten. Sie stellten sich zu Fuß zur Schlacht auf, obwohl sich die Schotten bei dieser Gelegenheit zurückzogen und den Kampf nicht aufnahmen.
- 1332 funktionierte die Methode glänzend, als eine kleine englische Streitmacht absaß, um sich den Schotten bei Dupplin Moor zu stellen. Durch die Auswahl einer perfekten Defensivstellung machten die Engländer den numerischen Vorteil der Schotten zunichte und mähten sie nieder, als sie auf die englische Linie vorrückten. Der Trick wurde 1333 bei Halidon Hill wiederholt.
- 1346 benutzte man eine ähnliche Taktik bei Crécy, wobei die

SEIEN SIE ZUM FUSSKAMPF BEREIT 185

Die Schlacht bei Agincourt. Diese extrem geschönte Darstellung einer Chronik aus St. Albans zeigt den englischen Sieg über die Franzosen von 1415. Der Einsatz englischer Bogenschützen, die hier das Georgskreuz tragen, entschied die Schlacht. Der Kampf spielte sich auf kurzer Front ab, wo sich grausige Leichenhaufen auftürmten.

Engländer abgesessene Ritter und Waffenknechte von Bogenschützen flankieren ließen.

Es ist ratsam, zu Fuß zu kämpfen, aber verausgaben Sie sich nicht durch weites Marschieren. Bei Poitiers ließen die Franzosen auf den Rat des Schotten William Douglas das Gros ihrer Kavallerie absitzen. Sie kämpften jedoch nicht aus der Defensive, sondern rückten auf die englischen Linien vor. Das bedeutet, dass sie erschöpft waren, als sie den Feind endlich angreifen konnten, und sich in keiner Verfassung befanden, ein aufreibendes Handgemenge zu bestehen.

In der Schlacht von Sempach 1386 ließ Herzog Leopold von Österreich seine Panzerreiter nach einem ersten erfolgreichen Kavallerieangriff absitzen. Im Fußkampf auf schwierigem Terrain und in sengender Julihitze ermüdeten die Ritter in ihren schweren Rüstungen rasch und wurden von den Schweizern in großer Zahl erschlagen.

Agincourt liefert ein weiteres Beispiel; die Franzosen waren schon erschöpft, als sie die englische Stellung erreichten. Es ist kein Spaß, über ein schlammiges Feld vorzurücken und dabei von englischen Bogenschützen beschossen zu werden, besonders wenn Ihr Panzer Ihnen eine zusätzliche Last wird. Noch bevor Sie den Kampf beginnen, sind Sie ganz außer Atem. Also: Egal was Sie tun, rücken Sie nicht vor, wenn Sie zu Fuß sind. Der ganze Sinn des Absteigens zum Kampf besteht darin, dass Ihre Armee eine starke Defensivposition beziehen soll und den Angriff abwartet.

Vorsicht vor Bogenschützen

Einer der Hauptgründe für die englischen Schlachterfolge ist der Gebrauch von Langbogenschützen gewesen. Ihr Bogen ist eine schlichte, aber tödliche Waffe. Ein geübter Mann kann ein Dutzend Pfeile pro Minute verschießen, und diese sind auf mindestens 180 Meter Reichweite wirksam.

Der Anblick einer Pfeilwolke samt dem zischenden Geräusch, das sie macht, während sie auf Sie zukommt, ist entsetzlich. Die Pferde sind besonders betroffen; sie werden sich aufbäumen oder durchge-

Der englische Langbogen misst normalerweise 1,80 Meter oder mehr und erfordert große Kraft und viel Übung beim Zielen. Diese Schützen, dargestellt in einer Handschrift von etwa 1340, führen Köcher, die jeweils zwei Dutzend Pfeile enthalten.

hen, wenn die stechenden Geschosse sie zum Wahnsinn treiben. Diese Schützen haben ihren Wert bei Crécy und Poitiers bewiesen.

Die Rolle, die englische Bogenschützen spielen, hat sich auch auf fernen Schlachtfeldern bemerkbar gemacht. Die Schützen in der anglo-portugiesischen Armee bei Aljubarrota „schossen so heftig und rasch, dass die Pferde mit Pfeilen geradezu gespickt wurden und eins über dem anderen zusammenbrachen". Schützen unter John Hawkwoods Befehl waren wichtig für seinen Sieg bei Castagnaro 1387. Auch die ungarischen und türkischen Bogenschützen muss man fürchten. Die Türken ziehen ihre Bogensehnen nicht ganz so weit zurück wie die Engländer, nur bis zum Schnurrbart, nicht bis zum Ohr. Doch ihre Bögen sind stark und ihre Pfeile beängstigend.

Es gibt Methoden, mit Schützen fertigzuwerden; 1364 wurden die englischen Bogenschützen in der Schlacht von Auray durch die französischen Ritter und Waffenknechte unwirksam gemacht, die gut gepanzert waren und ihre Schilde sinnvoll einsetzten. Sie standen in so dichten Reihen, dass „man kaum einen Apfel zwischen sie werfen konnte, ohne dass er auf einen Helm oder eine Lanze fiel".

Wenn Sie im Osten des deutschen Reiches, in Norditalien, Ungarn oder gar in Litauen kämpfen, sind Sie vor Langbogenschützen weitgehend sicher. Dafür werden Sie es vermutlich mit berittenen Bogenschützen zu tun bekommen. Besonders Kontingente der Ungarn und des Reitervolks der Kumanen werden gern zur Unterstützung der gepanzerten Reiter engagiert. Sie sind schneller und wendiger als die Rittertruppen, auch wenn sie es im Nahkampf niemals mit ihnen aufnehmen können. Dafür machen ihre Pfeile und Flankenangriffe einem wahrhaft das Leben schwer. Immerhin: Wenn sie all ihre Munition verschossen haben, fliehen sie normalerweise selbst vom Schlachtfeld. Dafür sind sie auf ihren schnellen Pferden stets die Ersten, wenn es ans Plündern geht – gern auch schon, bevor man die feindlichen Grenzen überschritten hat.

Der Kampf im Handgemenge

Es ist schwer zu beschreiben, was mitten im Schlachtgetümmel vorgeht. Der Lärm ist unerträglich: Pferde wiehern, Männer brüllen und Schwerter klirren. Barbours *The Bruce* trifft es gut:

> Es herrschte so ein Getöse aus Hieben, wenn etwa Waffen auf Rüstungen trafen, so ein großes Splittern der Speere, solches Drücken und Schieben, solches Knurren und Stöhnen, so viel Lärm, wenn sie die anderen trafen, und gebrüllte Rufe zum Sammeln auf beiden Seiten, die da große Wunden schlugen und empfingen, dass es schrecklich anzuhören war.

Halten Sie sich dicht bei Ihren Gefährten; abgedrängt zu werden ist sehr gefährlich. Gehen Sie sicher, dass Sie wissen, was ringsum vorgeht, und kämpfen Sie, so gut Sie können. Ewig lang wird es wahrscheinlich nicht dauern; die meisten Schlachten ziehen sich nicht länger als ein paar Stunden. Wenn Sie Glück haben, gibt es eine Halbzeitpause; bei der Schlacht von Neville's Cross 1346 legten beide Seiten mindestens einmal die Waffen nieder, um Luft zu schnappen.

Der Kampf im Handgemenge 189

Dieses Bild der Schlacht bei Neville's Cross von 1346 aus einer Handschrift von Froissarts *Chroniken* zeigt im Vordergrund Ritter zu Pferde beim Kampf mit Lanze und Schwert.

Achten Sie besonders darauf, nicht mittendrin eingezwängt zu werden. Das Gedränge der Männer kann zu stark werden, während die hinteren nach vorn drücken, die vorderen sich aber nicht rühren können. Das geschah besonders bei Dupplin Moor 1332 und 1415 bei Agincourt. Das Ergebnis ist grausig; wenn einzelne Männer gegen die Frontlinie gedrückt werden, klettern sie über die Köpfe ihrer Kameraden. Die unten Stehenden ersticken, und Haufen aus Toten und Sterbenden türmen sich auf. Ein Augenzeuge beschreibt Agincourt:

> Solch ein großer Haufen wuchs aus den Erschlagenen und aus denen, die erdrückt dazwischenlagen, dass unsere Männer diese Haufen erkletterten, welche mehr als mannshoch angewachsen waren, und ihre Feinde dort unter ihnen mit Schwertern, Äxten und anderen Waffen abschlachteten.

Hauptbestandteil der Schlacht ist das Handgemenge, wenn sich die Soldaten in wilde Kämpfe Mann gegen Mann verstricken. Dieses Bild zeigt die Gefechte der Schlacht bei Poitiers von 1356, als der Sohn Edwards III. von England, der Schwarze Prinz, den französischen König Jean II. gefangennahm. Beide Seiten kämpften zu Fuß, gemeine Soldaten Seite an Seite mit Rittern und Waffenknechten.

Denken Sie niemals, der Kampf in der Schlacht sei ein großartiges Erlebnis, eine glänzende Gelegenheit, Ihr ritterliches Können zu zeigen. Es ist laut, eng und jagt grenzenlose Angst ein. Das Handgemenge bei Tannenberg, das der Chronist Jan Długosz beschreibt, liefert ein Beispiel dafür:

> Brechende Speere und gegeneinander prallende Rüstungen erzeugten ein solches Scheppern und Knallen, und das Schwerterklirren hallte so laut wider, wie wenn ein riesiger Felsen eingestürzt wäre, dass selbst mehrere Meilen Entfernte es hören konnten. Da griff der Ritter den Ritter an, Rüstung barst unter dem Gewicht von Rüstung, und Schwerter schlugen in Gesichter. Und als die Reihen zusammentrafen,

war es unmöglich, den Feigling vom Mutigen, den Kühnen vom Zögernden zu unterscheiden, weil sie alle wie in einem Knoten zusammengepresst waren.

Diese Art Kampf kann Gelegenheit zu Heldentaten bieten. James Audley gelobte in jeder Schlacht, an der Edward III. oder dessen Sohn teilnahm, in der vordersten Reihe zu stehen, und löste dies 1356 bei Poitiers ein:

> Er wurde an Rumpf, Kopf und Gesicht schwer verwundet, und solange es ihm Kraft und Atem erlaubten, setzte er den Kampf fort und rückte vor; das tat er immer weiter, bis er blutüberströmt war; dann, gegen Ende des Gefechts, nahmen ihn seine vier Knappen, die seine Leibwache waren, und führten ihn sehr schwach und wund aus dem Gefecht.

Audley überlebte, und der Schwarze Prinz rühmte ihn als den mutigsten Ritter der Schlacht. Seinem Beispiel zu folgen wäre allerdings gefährlich.

Spielen Sie nicht den Helden

Natürlich sollten Ritter mutig und tapfer sein, aber treiben Sie das nicht auf die Spitze. Ein Einzelner kann keine ganze Armee besiegen.

Am ersten Tag der Schlacht von Bannockburn galoppierte William Deyncourt, „kühn an Herz und Hand", ganz allein in die Reihen der schottischen Fußsoldaten. Er wurde getötet, ohne dass jemand an das Lösegeld dachte, das er wert gewesen wäre. Am zweiten Tag von Bannockburn sprengte der junge Earl von Gloucester einsam zwischen die Schotten; die Ritter aus seinem Gefolge waren nicht so dumm, ihm zu folgen. Er wurde verdientermaßen erschlagen. Am Ende der Schlacht von Bannockburn konnte Giles von Argentein es nicht ertragen, das Feld als Besiegter zu verlassen, und stürzte sich stattdessen in eine letzte selbstmörderische Attacke. „Ganz sicher bin ich noch nie geflohen, und ich wähle lieber das Hierbleiben und den Tod, statt dank einer Flucht in Schande zu leben." Sein guter Ruf überlebte, er aber nicht. Als Boucicaut 1382 bei Roosebeke seine erste Schlacht lieferte, war er gerade 16. Er fand sich im Zweikampf mit einem großen flämischen Waffenknecht wieder. Der Flame schlug Boucicaut die Axt aus der Hand und sagte: „Geh an die Mutterbrust, geh, Kind. Jetzt kann ich sehen, dass die Franzosen keine Männer haben, wenn ihre Kinder in Schlachten kämpfen." Boucicaut, der über den Verlust seiner Axt ganz aufgeregt war, zog sofort seinen Dolch und stach dem Mann unter die Achselhöhle; während er ihn tötete, sagte er: „Spielen die Kinder in eurem Land auch solche Spiele?"

Im richtigen Leben finden Sie sich in der Schlacht nicht so vielen Kindern gegenüber, aber rechnen Sie mit Überraschungen. In den letzten Zügen einer Schlacht ist es üblich, dass die Infanterie ins Handgemenge eingreift und ihr Möglichstes tut. Dieser scheinbar mickrige Fußsoldat da, der keine Rüstung und keine richtige Ausrüstung hat, kann trotzdem einen Dolch oder ein Messer haben und Sie übel verwunden.

Wenn Sie auf Kreuzzug sind, denken Sie vielleicht, Sie seien Ihren Feinden überlegen, weil Gott auf Ihrer Seite ist. Das ist ein gefährlicher Standpunkt, wie die Ereignisse von Nikopolis zeigen. Wenn Sie mit Türken zu tun haben, sind die genauso überzeugt wie Sie, dass Gott ihnen beisteht, und wenn Sie Litauer gegen sich haben, glauben die, dass ihre Sache von einer ganzen Götterarmee unterstützt wird.

Feuerwaffen

Machen Sie sich um Feuerwaffen keine Gedanken; auf dem Schlachtfeld sind sie eine Enttäuschung und werden das sicher auch bleiben. Die Engländer hatten ein paar Kanonen bei der Schlacht von Crécy. Sie machten einen Riesenlärm und spuckten eine Menge Rauch, erreichten aber wenig. Eines der Probleme ist, dass es viel zu lange dauert, eine Kanone zu laden. Die Italiener haben versucht, damit fertigzuwerden, und eine Waffe in Karrenform mit sage und schreibe zwölf

Dutzend darauf montierten Kanonen entwickelt, die eine schreckliche Salve abgeben sollten. Das haben die Veroneser 1387 bei Castagnaro probiert; es funktionierte nicht.

Vergessen Sie Ihre Gelübde

Sehr wahrscheinlich haben Sie Schwüre abgelegt, kühne Taten zu vollbringen. Es ist besonders gefährlich, falls sich das auf Schlachten bezieht, wie James Audley herausfinden musste. Man sagt beispielsweise, dass die 89 Ritter der Sternbruderschaft, die 1352 in der Schlacht bei Mauron in der Bretagne fielen, deshalb starben, weil sie geschworen hatten, niemals vom Schlachtfeld zu fliehen. Es ist sehr wahrscheinlich, dass der Entschluss des blinden Königs von Böhmen, Johann von Luxemburg, sich bei Crécy ins Getümmel zu stürzen, auf ein Gelübde zurückging. Es ist möglich, sich von seinen Gelübden entbinden zu lassen; es ist nicht wert, sich unnötig in Gefahr zu begeben wegen eines hirnlosen Versprechens, das Sie wahrscheinlich in betrunkenem Zustand gegeben haben.

Was, wenn Sie verlieren?

In Schlachten werden Männer getötet und verwundet, und es gibt keinen einfachen Weg, sich davor zu schützen. Verlässliche Zahlenangaben fehlen, aber oft findet man große Verlustzahlen. Der Chronist Jean le Bel übertrieb wahrscheinlich, als er behauptete, bei Crécy habe die Gesamtzahl neun tote Fürsten und etwa 12 000 Ritter betragen, dazu 15 000 oder 16 000 gemeine Soldaten, aber fest steht, dass die Todesziffer furchtbar hoch war.

Wenn Sie sich bei einem Rückzug auf der falschen Seite befinden, immer daran denken: Bei Rückzügen gibt es die meisten Verluste. Flüsse sind besonders gefährlich, denn oft versperren sie Fluchtwege; wenn Menschen sie nicht überqueren können, ertrinken sie. Die Szene nach Bannockburn, die Barbours Biografie des Robert Bruce beschreibt, war wahrhaft grausig:

> Offen gesagt, sie waren in Todesangst, und verängstigt flohen sie so rasch, dass ein sehr großer Teil von ihnen bis zum Forth floh und dort die meisten im Fluss ertranken; der Bach Bannockburn war zwischen seinen Ufern so voller Männer und Pferde, dass man damals auf ertrunkenen Männern und Pferden trockenen Fußes hinübergehen konnte.

Es heißt, dass 1367 nach der Schlacht bei Nájera in Spanien viele der Unterlegenen lieber in den Fluss sprangen und ertranken, als sich niedermetzeln zu lassen. Wenn Sie kein nasses Grab suchen, statt zu fliehen, wenn eine Niederlage droht, dann ist die beste Option, einen feindlichen Ritter zu suchen und sich ihm zu ergeben. Sie werden ihm dann ein Lösegeld zahlen müssen, aber das ist für Ihr Leben ein kleiner Preis. Achten Sie aber bei Auslandseinsätzen darauf, dass Sie das Übergabeangebot auch korrekt und verständlich in der Sprache Ihrer jeweiligen Gegner formulieren. Die Italiener, die 1313 erstmals auf deutsche Söldner trafen, fanden mit ihrem „io m'arendo" („ich ergebe mich") wenig Gehör. Und als Konrad von Landau 1358 im Val di Lamone in einen Hinterhalt geraten war und als Zeichen der Kapitulation den Helm abnahm, verstanden dies seine italienischen Gegner als Einladung, ihn mit einer Lanze am Kopf zu verwunden.

Falls Ihnen das nicht zusagt, werden Sie Ihre Rüstung los und verstecken Sie sich; am Ende entkommen Sie dann vielleicht. Was Sie auf keinen Fall tun dürfen, ist, in Panik zu geraten und zu fliehen; das ist ein sicherer Weg, sich umzubringen.

Natürlich können Sie stets auf die Gnade Ihrer ritterlichen Gegner hoffen, aber sicher sein sollten Sie sich da nicht. Nur mit viel Glück und Witz kommen Sie so ungeschoren davon wie jener Ritter Jakob Mülner, der sich unversehends von Waffenknechten des deutschen Königs Rudolf von Habsburg umzingelt sah. Er reagierte äußerst geistesgegenwärtig, stieg vom Pferd, zog seine Hose herunter und kniete sich auf den Weg, als wolle er dort seine Notdurft verrichten. Als seine Feinde ihn erschlagen wollten, bat er Rudolf unter Hinweis auf die Regeln der Ritterschaft, ihn in solch unwürdiger Lage zu verschonen.

Er solle wenigstens so lange warten, bis er die Hosen wieder angezogen haben. Der Habsburger gestand ihm das zu, worauf sich Jakob Mülner strikt weigerte, seine Hose jemals wieder über sein Hinterteil zu ziehen, und in dieser Stellung verharrte, bis sein Gegner fluchend weiterzog. Natürlich ist das nur eine Legende, aber sie gibt zumindest Anlass zur Hoffnung.

Hätten Sie's gewusst?

- Bannockburn war mit zwei Kampftagen die längste Schlacht im ganzen 14. Jahrhundert.

- Bei Crécy griff Edward III. nicht unmittelbar in den Kampf ein, sondern blieb bei einer Windmühle, von wo aus er die Schlacht verfolgen konnte.

- Muslimische Heere machen den meisten Lärm vor der Schlacht – mit Trommeln, Trompeten, Becken und Flöten.

- Erstaunlicherweise schaffte es der englische Ritter Maurice Berkeley, sich während des englischen Sieges bei Poitiers von den Franzosen fangen zu lassen.

- Bei Tannenberg befahl der polnische König, der fürchtete, was geschehen würde, wenn seine Männer sich betrinken sollten, das Zerschlagen der Weinfässer, die man beim deutschen Tross gefunden hatte.

XIV Lösegeld und Beute

S ir Eustace ... erwarb sich großen Reichtum durch Lösegelder, durch den Verkauf von Städten und Burgen und auch durch das Auslösen von Grundbesitz und Häusern und das freie Geleit, das er gewährte.

FROISSARTS *Chroniken* (1358)

Wahrscheinlich hat Geldverdienen nicht zu Ihrer Ausbildung gehört. Zu den ritterlichen Tugenden zählt zwar die Freigebigkeit, aber nicht der Unternehmergeist oder Geschäftssinn. Geoffroi de Charny gibt in seinem Buch einige Ratschläge, aber die werden Ihnen nicht helfen, wenn Sie Ihr Vermögen im Krieg machen wollen. Charny rät Ihnen, nicht zu viel Gewicht aufs Beutemachen und auf den Profiterwerb zu legen, weil Beute und Gewinn nicht so lange halten wie die Ehre. Er legt Ihnen nahe, auf übertriebene Selbstdarstellung und Äußerlichkeiten zu verzichten, und merkt an, dass Sie, falls Sie zu viel ausgeben, Ihre Kriegstaten beenden müssen. Die unausgesprochene Botschaft lautet, dass Sie Einnahmen und Kosten ins Gleichgewicht bringen sollten. Der beste Ritter ist laut de Charny der, welcher Gefahren auf sich nimmt und körperliche Strapazen erträgt, um große Taten vollbringen zu können, ohne einen anderen Lohn als die eigene Ehre zu erwarten. Vielleicht ist es de Charny entgangen, aber der Krieg ist ein Riesengeschäft. Man kann da korrekt Geld verdienen, obwohl Sie die Risiken richtig einschätzen müssen. Beachten müssen Sie dabei, dass der Wert Ihrer Investitionen ebenso gut steigen wie sinken kann und Sie eventuell weniger herausbekommen, als Sie hineingesteckt haben. Mit Lösegeldern können Sie richtig Profit machen, und Schutzgelder von Dörfern und Kleinstädten zu erheben ist ein einfacher Weg, beträchtliche Summen zu verdienen. Die Beute liegt auf der Straße. Wenn Sie Köpfchen haben, können Sie ein Vermögen machen, aber das haben nicht viele.

Lösegelder

Wenn Sie jemanden gefangennehmen, können Sie Lösegeld für ihn verlangen. Das hat beträchtliche Vorteile. Es bedeutet, dass Sie großen Profit erwirtschaften können; es bedeutet auch, dass es ziemlich sinnlos ist, seine Feinde zu töten, also macht es die Schlachten etwas we-

Zahlung eines Lösegeldes. Jean de Beaumanoir, ein bretonischer Held, bei der Übergabe von 100 000 Francs an die Beauftragten des Herzogs der Bretagne im Jahr 1387; er zahlte sie für die Freilassung von Olivier de Clisson, Konnetabel von Frankreich.

niger gefährlich. Vor der Schlacht von Auray 1364 überlegte der englische Anführer John Chandos, ob man nicht lieber verhandeln als kämpfen sollte, aber eine Anzahl Ritter und Knappen drängte ihn, die Schlacht zu suchen. Sie seien arm, sagten sie, und hofften im Kampf ihr Vermögen zu sanieren.

Allerdings müssen Sie auf der Hut sein; es gibt Situationen, in denen kein Lösegeld erhältlich ist. Man meidet sie besser, denn wenn Sie gefangen werden, tötet man Sie vielleicht, und wenn Sie gewinnen, bringt es kein Geld ein. Unter den deutschen Soldrittern in Italien herrscht der Brauch, Landsleuten lediglich Pferd und Rüstung wegzunehmen und nur die Einheimischen richtig zu schröpfen. Schlimmer ist es, wenn eine der Parteien an Profit gar nicht erst interessiert ist. 1302 nahmen die Flamen bei Courtrai kein Lösegeld; die Folge war eine hohe Todesrate unter den Franzosen. In der Schlacht von Crécy gaben beide Könige, Philippe VI. und Edward III., den Befehl, es solle *guerre à l'outrance*, Krieg bis zum Äußersten, herrschen und kein Pardon solle gegeben werden. Keiner der beiden wünschte, dass sich seine Männer vom Kämpfen abhalten ließen, indem sie Kapitulationen und Lösegelder aushandelten. Infolgedessen machten die Engländer viel weniger Gefangene, als man bei einem großen Sieg hätte erwarten können. Passen Sie besonders bei den Schweizern auf. Geld interessiert sie nicht (sicher wird das immer so bleiben), und in der Regel erlauben sie ihren Gefangenen keinen Freikauf.

Die Gefangennahme

Geben Sie acht, Ihren Gegner im Eifer des Gefechts nicht zu schwer zu verletzen, denn ein toter Gefangener ist wertlos. Als Mitte der 1360er-Jahre John Amory von Guichard d'Albigon gefasst wurde, war er schwer verwundet. Guichard tat sein Bestes, ihn zu retten, und brachte ihn in eine nahe gelegene Stadt, aber leider verblutete Amory, und ein gutes Lösegeld war dahin.

Ein weiteres Problem ist, dass Sie Ärger mit den gemeinen Soldaten in Ihrer Armee bekommen können, die nichts lieber tun, als

Ein im Kampf ergriffener Ritter wird in die Gefangenschaft geführt.

Ritter abzuschlachten; als Henry de Quenillart 1359 Eustache d'Auberchicourt gefangennahm, konnte er ihn nur mit großer Mühe schützen, weil die Truppen darauf brannten, ihn aus Rache für seine früheren Taten zu töten.

Haben Sie einen Gefangenen gefunden, müssen Sie sicherstellen, dass er oder sie ausschließlich Ihnen zusteht. Bei Poitiers ergab sich der Graf von Dammartin zunächst einem Knappen und reichte ihm seine Beckenhaube. Dann erschien mit drohender Miene ein Gascogner, und der Graf gab ihm zum Zeichen der Gefangenschaft seinen Schild; ein dritter Anwärter erzwang einen Eid vom Grafen. Zu guter Letzt wurde der Graf Gefangener des Earls von Salisbury.

Manchmal kommt es zu Katastrophen. Bei Agincourt fürchtete Henry V. einen möglichen französischen Gegenangriff und befahl deshalb, die Gefangenen zu töten. Als Handlung aus militärischer Logik war das vielleicht verständlich, aber es war finanzieller Wahnsinn, die Chance auf all die schönen Lösegelder aufzugeben.

Wie hoch soll ein Lösegeld sein?

Es geistern einige Riesensummen herum, wie Sie feststellen werden:
- Die Grafen von Vendôme, Tancarville und Eu, die 1356 bei Poitiers gefangen wurden, erbrachten Lösegelder von jeweils 30 000 Florin.
- Der deutsche Graf Johann II. von Saarbrücken, der in französischen Diensten stand, brachte hingegen 1362 nur 5000 Florin an Auslösezahlung.
- Oswald von Wolkenstein wurde 1421 von seiner ehemaligen Minnedame in einen Hinterhalt gelockt und erst gegen eine Bürgschaft von 6000 Gulden wieder freigelassen.
- Laut Froissart beliefen sich die ausgehandelten Lösegelder nach der Schlacht bei Launac nahe Toulouse im Jahr 1362 auf eine Million Francs, und die Aufzeichnungen belegen, dass das nicht weit übertrieben war.

Widerstehen Sie der Versuchung, in solchen Dimensionen zu denken. Überlegen Sie lieber, ob es wahrscheinlich ist, dass Ihr Gefangener das Geld aufbringen kann.

- John Hawkwood nahm 1366 einen Sieneser Anführer gefangen und verlangte 10 000 Florin Lösegeld, musste sich am Ende aber mit lediglich 500 zufriedengeben.
- Die gewaltige Summe von 700 000 Écus wurde für Charles von Blois festgesetzt, den die Engländer 1347 gefangennahmen, aber nicht mehr als 50 000 Écus bekam Edward III. tatsächlich zu sehen.
- Sogar das realistische Lösegeld von zwei Fass Wein, auf das man sich einigte, als Renaud le Vicomte 1358 in Gefangenschaft geriet, wurde zum Problem, als der Wein gestohlen wurde und Renaud nicht zahlen konnte.

Denken Sie daran: Wenn Sie einen richtig prominenten Gefangenen machen, werden sowieso nicht Sie das Lösegeld bestimmen. Als John von Coupland 1346 bei Neville's Cross den König von Schottland unter einer Brücke versteckt fand und gefangennahm, musste er ihn der englischen Krone überlassen. John bekam seinen Lohn in Form einer lebenslangen Rente von 500 Pfund im Jahr. Das war nur ein Bruchteil

> ## Wechselkurse
>
> Der Wechselkurs zwischen den vielen konkurrierenden Münzen in Europa schwankt beträchtlich, aber als Faustregel gilt, dass ein Franc, ein Mouton d'Or, ein Écu, ein Florin (oder Goldgulden), ein Dukat und die kastilianische *dobla*, alles Goldmünzen, im Wert einander relativ ähnlich sind und bei ungefähr drei englischen Schilling liegen. Silberwährungen zählt man häufig in Pfund (oder in Mark, was meist einem halben Pfund entspricht), nur ist das eine Recheneinheit, keine eigentliche Münze. Zwölf Pfennig sind ein Schilling (oder Sou), 20 Schilling ein Pfund. Auf ein englisches Pfund Sterling gehen rund sechs bis sieben französische Pfund (*livres tournois*). Darum ist eine Goldmünze grob gerechnet eine *livre* wert, aber sechs oder sieben ein Pfund Sterling.

des gesamten Lösegeldes von 66 666 Pfund, aber mehr hätte John kaum erwarten können.

Wenn Sie ein einfacher Ritter sind, sollten Sie nicht lange an einem wichtigen Gefangenen festhalten, um selbst den Versuch zu unternehmen, an sein Lösegeld zu kommen. Werden Sie lieber Ihren Gefangenen so schnell wie möglich los. Es gibt einen Markt für Lösegelder. Wenn Sie Ihren Gefangenen weiterverkaufen, erzielen Sie zwar nicht den Höchstpreis, ersparen sich aber eine Menge Scherereien.

Wenn Sie Ihren Gefangenen nicht weiterverkaufen, werden Sie fast sicher viel Ärger bekommen. Zwei Knappen, die 1367 bei Nájera den Grafen von Denia fassten, forderten ein enormes Lösegeld von 150 000 *doblas*. Der Graf wurde gegen seinen Sohn ausgetauscht, sah sich aber außerstande, das Geld aufzutreiben. Aus diplomatischen Gründen war die englische Krone sehr um Vermittlung bemüht, aber die Knappen blieben eisern. Sie wollten ihr Geld. Am Ende kam es dazu, dass sie im Tower eingekerkert wurden, entkamen und Schutz in Westminster Abbey suchen wollten. Die Towerwachen verfolgten sie dorthin, und einer der beiden wurde getötet. Der Rechtsstreit um das Geld zog sich noch jahrelang hin.

Wie bringen Sie Lösegeld auf?

Selbst große Soldaten geraten manchmal in Gefangenschaft. Bertrand du Guesclin wurde auf jeden Fall zweimal und wahrscheinlich noch öfter gefangengenommen. Boucicaut war zweimal in Haft, einmal nach der Schlacht bei Nikopolis und dann wieder nach Agincourt. Also kann es durchaus passieren, dass Sie gefangen werden und ein Lösegeld zu zahlen haben. Falls Sie prominent genug sind, können Sie auf Hilfe von zahlreichen Seiten hoffen.

- Du Guesclin wurde 1364 bei Auray der Gefangene von John Chandos und fiel später bei Nájera den Truppen des Schwarzen Prinzen in die Hände. Beide Male wurden seine Lösegeldkosten zum Großteil durch Charles V. von Frankreich, Heinrich von Trastamara und den Papst getragen.
- Der für Florenz kämpfende fränkische Bannerherr Dietmar von Hurlebach geriet 1325 in Gefangenschaft und wurde auf 1000 Florin geschätzt. Als seine Freunde nur die Hälfte der Summe aufbringen konnten, sprang der Dienstherr in die Bresche und bezahlte die Restsumme aus der Stadtkasse.
- Nach Boucicauts Gefangennahme durch die Türken bei Nikopolis gab es komplizierte Verhandlungen über seine Freilassung und die der anderen Gefangenen. Der ursprüngliche Vorschlag von einer Million Florin für alle Gefangenen wurde auf 200 000 Florin gesenkt, und bei der Übergabe des Geldes, das vor allem in Burgund und Frankreich gesammelt wurde, spielten venezianische Bankiers eine Hauptrolle. Boucicaut selbst musste 10 000 Francs aufbringen, aber wenigstens brauchte er nicht den vollen Betrag zu zahlen, der für seine Freilassung nötig war.

Wenn Sie Glück haben, kommen Ihnen vielleicht Ihre Gefolgsleute zu Hilfe. Eustace d'Auberchicourt geriet 1359 in französische Gefangenschaft, und ein Lösegeld von 22 000 *livres* wurde verlangt. Er hatte Glück, denn die Truppen, die er befehligt hatte, legten zusammen, um das Geld zu beschaffen. Obwohl er eine reiche Frau hatte, wäre es ihm nicht möglich gewesen, eine derartige Summe aufzubringen.

Natürlich können Sie sich Ihren Ehrenschulden auch feige entziehen, wie etwa der Ritter Ulrich von Waldsee nach der Schlacht von Mühldorf. Er wurde auf Ehrenwort freigelassen, musste aber bald feststellen, dass er das vereinbarte Lösegeld nicht aufbringen konnte. Also ließ er die Sache wenig ritterlich auf sich beruhen. Trotzdem – oder vielleicht deswegen – wird seine Treue von einem Lobsänger besonders hervorgehoben.

Die Zahlungsmodalitäten können sehr verwickelt sein. Das Lösegeld an den Earl von Salisbury für den Grafen von Dammartin, der 1356 bei Poitiers gefangengenommen worden war, wurde auf 12 000 Florin festgesetzt. Verglichen mit manchen Summen erscheint das zwar nicht überzogen, aber Dammartin konnte das Geld nicht auftreiben. Stattdessen einigte man sich, Grundbesitz in Somerset, der einem anderen französischen Adligen, Robert de Fiennes, gehörte, dem Earl zu übertragen. Im Gegenzug sollte Dammartin Ländereien in Frankreich an Fiennes überschreiben. Das führte zu ausgedehnten Rechtsstreitigkeiten um den Wert der verschiedenen Grundstücke, und erst 1370, lange nach der Freilassung des Grafen, war der Streit beigelegt.

Schutzgeld

Wenn Sie Geoffroi de Charnys Buch über das Rittertum lesen, stellen Sie fest, dass er alle verurteilt, die ohne triftigen Grund rauben, stehlen und Beute oder Gefangene machen. Im wirklichen Leben gibt es angesehene Ritter wie etwa Eustace d'Auberchicourt, die sehr gut dabei abgeschnitten haben, dass sie den Reichtum des Landes abschöpften. Selbst der tugendhafte Boucicaut erhielt von einigen lombardischen Städten 15 000 Dukaten im Monat als Gegenleistung für einen Waffenstillstand.

Wenn Sie Teile eines Landes besetzt halten, können Sie aus Ihrer Position Gewinn ziehen, indem Sie von den einheimischen Bauern Schutzgelder einziehen. Diese Beträge sind als *appatis* bekannt. Sie können den Zahlenden vorschlagen, dass Sie ihnen im Gegenzug irgendeine Art Schutz gewähren, oder Sie nehmen ihr Geld einfach so.

Wenn sie nicht zahlen wollen, kerkern Sie sie ein, verbrennen Sie ihre Habe, hetzen Sie Ihre Männer auf ihre Frauen, und dann werden sie sich bald mit Ihnen einigen. Sie können auch brandschatzen. Das hat mit Anzünden wenig zu tun, eher mit dem Gegenteil: Sie erheben Geld dafür, dass Sie den Feuerstahl stecken lassen. Sehr ritterlich klingt das vielleicht nicht, aber wenn man mit Bauern zu tun hat, braucht man nicht zimperlich zu sein.

In Italien kann man mit Erpressung großen Profit machen. 1364 erhielt die Kompanie vom Stern unter Haneken Bongard und Albert Sterz 38 650 Florin von Siena, und elf Jahre später zahlte dieselbe Stadt 30 500 Florin an John Hawkwood. Ein Brief, den er und ein deutscher Mitstreiter 1374 an die Obrigkeit in Siena schrieben, erklärte:

> Wenn es Euer Liebden genehm ist, an diese Kompanie eine gewisse Summe Geldes zu zahlen, wie man sie üblicherweise für Waffenknechte ausgibt, werden wir uns hüten, Schäden anzurichten, und werden nach Kräften Euer Gebiet von Übel freihalten; wenn aber nicht, werden wir Plünderern aus dieser Kompanie erlauben, alles zu tun, was sie wollen.

Die Weiße Kompanie in Italien hatte ihre speziellen *guastatori*, die Experten darin waren, das Land und die Siedlungen darin zu verwüsten. Es lohnte sich sehr, Geld hinzulegen, damit man nicht zum Objekt ihrer Aufmerksamkeit wurde. Nach einer Berechnung hätte das Geld, das Siena den Söldnern zwischen 1342 und 1399 zahlte, theoretisch ausgereicht, um die Städte Avignon, Montpellier und Lucca zu kaufen.

Beute

Wenn Sie im Krieg erfolgreich sind, gibt es Beute zu machen, manchmal in enormen Mengen. Die Engländer schnitten bei einigen ihrer Invasionen in Frankreich sehr gut ab. Nach der Plünderung der Stadt Caen 1346 hieß es, in England gebe es nicht eine Hausfrau, die keine Kostbarkeiten aus Caen am Leib trage. In Kellern, Scheunen und

Soldaten plündern ein Haus. Solche Räubereien sind fester Bestandteil der Kriegführung. Es gibt Regeln, wie die Beute verteilt werden sollte. Ein Anführer hat normalerweise mindestens auf ein Drittel Anspruch.

Speichern ist viel zu finden; Ihre Männer werden ein Gespür dafür entwickeln, Schätze in allen möglichen Verstecken aufzustöbern. Hoffentlich sind sie zuverlässig und rücken Ihren Anteil heraus.

Ein Verzeichnis der Güter, die man 1354 Robert Knollys abnahm, als er zeitweise in Ungnade fiel, deutet an, was für Gegenstände Sie finden können. Unter anderem sind aufgeführt:
- ein silbernes Waschbecken mit Wasserkrug, Gewicht sieben Pfund,
- vier silberne Platten,
- 18 silberne Untertassen,
- zwei Ziegenfelle,
- zwei Paar neue Stiefel.

Denken Sie daran, dass Sie nicht Ihren ganzen Gewinn behalten dürfen. Es gibt Regeln, wie man den Raub aufteilt; es ist üblich, dass ein Anführer ein Drittel oder sogar die Hälfte Ihrer Beute beansprucht. Bei Lösegeldern bleibt Ihnen eventuell noch viel weniger übrig, wenn die Summe, um die es geht, groß ist. Ein Chirograph zwischen dem Herzog von York und Thomas Gerberge von 1388 legt folgende Bedingungen fest:

Der Lord erhält ein Drittel aller Kriegsgewinne, die Sir Thomas eigenhändig machen wird, und ein Drittel des Drittels von seinem Gefolge, und sollte es vorkommen, dass besagter Thomas oder einer aus seinem Gefolge einen Hauptmann oder Reichsfürsten, eine Burg oder Festung unserer Feinde in seine Gewalt bringt, wird besagter Lord jenem, der den Fang gemacht hat, einen angemessenen Ausgleich zahlen, je nachdem, wie sie sich gütlich einigen.

Eventuell kommen Sie davon, ohne alles zu Protokoll geben zu müssen, was Sie im Lauf eines Feldzugs erobert haben, aber egal wie Sie rechnen, denken Sie daran, dass Ihre Gewinne praktisch einer massiven Besteuerung unterliegen. Manche Anführer verlangen sogar, dass ihnen zunächst die gesamte Beute ausgehändigt wird. Das hat aber auch einen Vorteil: Wenn alle Kämpfer gleichzeitig ihre Beute versilbern wollen, bricht zwangsläufig der Markt für Gebrauchtwaffen, Kuhkadaver und Silberleuchter zusammen. Besser ist es, die Vermarktung zentral über den Feldherrn oder Kompanieführer abwickeln zu lassen.

Profit und Verluste

„Ich bin manchmal so jämmerlich arm gewesen, dass ich kein Pferd zum Reiten hatte, und zu anderen Zeiten reich genug, ganz wie mein Geschick mich traf", sagte der Bascot de Mauléon zu Froissart, als die beiden sich 1388 im Hotel de la Lune in Orthez trafen. Lassen Sie sich von den Erfolgsgeschichten, die Sie hören, nicht zu sehr blenden; es kann nicht jeder gewinnen. Es gibt kein festes Muster dafür, aber falls Sie auf der Gewinnerseite sind, haben Sie es wahrscheinlich gut getroffen. Dabei geht es nicht nur darum, an Lösegelder und Beute zu kommen; Sie müssen auch wissen, was Sie mit Ihrem Gewinn anfangen. Ihr Geld in Grundbesitz zu investieren ist eine gute Idee; Gold, Silber und Edelsteine lassen sich zu schnell verprassen. Außerdem sollten Sie auch richtig Buch führen, denn das hilft Ihnen, wenn irgendjemand Forderungen gegen Sie geltend macht.

Robert Knollys ist ein Beispiel, wie man es machen soll. 1358 führte er ein Banner, das großspurig erklärte, er sei 100 000 *moutons d'or* wert, und auf jeden Fall machte er eine Menge Geld in den Kriegen zwischen England und Frankreich. Obwohl Knollys als großzügiger Hauptmann bekannt war, ging er vorsichtig mit seinem Geld um und verwendete einen Teil seiner Gewinne, um Land in Norfolk zu kaufen. Er beteiligte sich an Handels- und Finanzunternehmen und lieh sogar der Krone Geld. Sein enger Freund Hugh Calveley scheint schlechter abgeschnitten zu haben; aus Versprechen von Schlössern in Spanien und beträchtlichen Pensionen wurde nichts.

1377 hatte John Hawkwood ein Einkommen, das jenes der Stadt Lucca übertraf, aber 1393 klagte er, seine Mittel reichten nicht, die Bedürfnisse seiner Familie zu decken. Er schickte einiges Geld heim nach England und konnte dort Güter in Essex sowie Leadenhall in London kaufen, aber der Großteil des Reichtums, den er in Italien ansammelte, scheint einfach verpufft zu sein. Hawkwoods Geschichte ist ein warnendes Beispiel, wie jemand viel Geld verdiente, aber auch eine Menge ausgab, den Bemühungen seiner gut wirtschaftenden Frau zum Trotz.

Boucicaut ist ein Beispiel, wie Sie es überhaupt nicht machen sollten. Er mag ja als Beispiel eines heldenhaften Ritters klassischen Zuschnitts bekannt sein, aber in Fragen des Umgangs mit Geld lässt er viel zu wünschen übrig. Seine Kreuzzugsunternehmen waren teuer. In seiner Zeit als Statthalter von Genua verdiente er kein Geld und war gegen Ende sogar in einer finanziell aussichtslosen Lage. Er musste Darlehen bei italienischen Bankiers aufnehmen und seinen eigenen Schatz an Edelsteinen und Tafelsilber verpfänden oder verkaufen. Ein Diadem seiner Frau, ihr Schmuck und sogar eine goldene Marienstatue mussten ebenfalls weg. Als er nach Frankreich zurückkehrte, legte seine fehlende Genauigkeit in Geschäftsdingen alle Bemühungen lahm, einen Teil seiner Kosten durch die Krone decken zu lassen, denn er konnte nicht die nötigen Belege und Quittungen für seine Ausgaben vorlegen. Schließlich bekam er rund die Hälfte dessen, was man ihm schuldig war. Die krönende Katastrophe bildet, dass er heute nicht das Lösegeld für seine Gefangennahme bei Agincourt zahlen kann.

Auch Oswald von Wolkenstein ist weit davon entfernt, die nach seiner Gefangennahme unterzeichnete Bürgschaft von 6000 Gulden jemals aufbringen zu können. Immerhin betragen seine Jahreseinkünfte nicht mehr als 260 Gulden!

Wenn Sie einen Geschäftsplan aufstellen müssten, wäre es zu leicht, einfach zu erklären, dass Sie als Ritter eine Menge Geld machen werden. Lösegelder, Beute und Schutzgeld kann man zwar als große mögliche Profite verbuchen. Die Risiken sind jedoch beachtlich. Sie können es leicht erleben, dass versprochene Soldzahlungen nicht eintreffen, dass Sie für sich selbst Lösegeld zahlen müssen, dass es Sie mehr kostet, gewonnenes Land zu verteidigen, als es Ihnen einbringt, und dass mindestens ein Drittel Ihrer Gewinne an Ihren Lehnsherrn gezahlt werden muss. Denken Sie gründlich darüber nach; in den Krieg zu ziehen ist eine Hochrisikostrategie, wenn es Ihnen mehr um Geld als um Ruhm und Ehre geht.

Hätten Sie's gewusst?

- Als Raoul de Tancarville, der von den Engländern 1347 gefangengenommen wurde, nach Frankreich heimkehrte, soll er seine Bewacher so hoch gelobt haben, dass ihn der französische König hinrichten ließ.

- Zu den Geschenken, welche die Stadt Siena an John Hawkwood, Albert Sterz und Haneken Bongard übergab, zählten Süßigkeiten.

- Der Konnetabel von England hat Anspruch auf alles nichtgehörnte Rindvieh, Schweine und unbeschlagene Pferde aus der Beute und soll von allen Huren und Händlern im Tross der Armee wöchentlich vier Pennys bekommen.

- Die Einnahme Alexandrias durch die Kreuzfahrer erbrachte 1365 über 70 Schiffsladungen Beute.

XV Gute Werke und Nachleben

Zum letzten Tanz bin ich jetzt vorgeladen,
und alle meine Sünden,
zu einem Kranz geflochten,
sie werden mir nun präsentiert,
ich muß die Rechnung dafür zahlen.

OSWALD VON WOLKENSTEIN

In die Hölle wollen Sie nicht kommen. Falls Sie da enden, stecken Sie in einer Rüstung, die Sie nicht ausziehen können, weil sie Ihnen auf den Leib genagelt ist. Sie werden gezwungen, jede Menge Bäder zu nehmen, und um die Sache noch schlimmer zu machen, ist das Wasser schweflig und faulig. Wenn Sie dann aus dem Bad steigen, umarmen Sie nicht etwa liebeshungrige junge Frauen; stattdessen tun Ihnen lüsterne Kröten Gewalt an. Sie können Maßnahmen ergreifen, um dieses Schicksal zu vermeiden.

Natürlich können Sie sich aus dem Kriegsgeschäft zurückziehen, in ein Kloster treten oder gar zum Einsiedler werden wie der berühmte Artusritter Lanzelot. Aber machen Sie sich nichts vor, solch ein Karriereabbruch ist nicht immer leicht zu verkraften, und Sie müssen auf so manches Abenteuer verzichten. Vielleicht geht es Ihnen am Ende wie Oswald von Wolkenstein, der singt:

Ich wollt mein schlimmes Leben ändern (ja, das stimmt!);
zwei Jahre lang war ich ein halber Laienbruder. Die Andacht

machte da den Anfang, ganz gewiß, doch kam die Liebe dann dazwischen, störte mich.

Fromme Stiftungen

Es ist eine übertriebene Erwartung, dass Sie in Ihrer ganzen Ritterkarriere immer nur gut und tugendhaft gewesen sind. Wahrscheinlich bereuen Sie beispielsweise, falls Sie im Lauf Ihrer Feldzüge bei der Zerstörung von Kirchen und Klöstern behilflich waren. Sie haben vielleicht Ihr Bestes getan, zur Messe zu gehen; vielleicht hatten Sie päpstliche Dispens und konnten einen Feldaltar mitnehmen, und wahrscheinlich haben Sie Almosen gegeben, wenn es sich so traf. Aber Sie müssen schon mehr tun. Eine gute Methode, ein schmerzhaftes und unerfreuliches Leben nach dem Tod zu vermeiden, besteht darin, dass Sie für sich haufenweise Messen lesen lassen, wenn Sie tot sind. Sie könnten dem Beispiel Jean de Graillys folgen. Sein Testament verfügte, dass im Jahr nach seinem Tod 50 000 Messen für ihn gelesen werden sollten. Er schenkte dem Franziskanerkonvent in Bordeaux 1000 Écus, und der Gesamtwert seiner frommen Stiftungen betrug 40 000 Écus.

Für solche Stiftungen gibt es viele Beispiele. Boucicaut gab dem Kapitel von St. Martin in Tours Geld und gründete 1406 ein Spital in Sainte-Cathérine-de-Fierbois. Oswald von Wolkenstein ließ 1407 eine Kapelle für seinen Namenspatron, den heiligen Oswald, stiften und mit zwei Messpfründen ausstatten. Robert Knollys gründete ein Klerikerstift in Pontefract, wahrscheinlich weil seine Frau von dort stammte. Er spendete auch für den Neubau der Brücke von Rochester. Walter Mauny bedachte das Charterhouse in London. Ralph Basset, der Lord von Drayton, gab dem Priorat Canwell 200 Pfund, sodass dort fünf weitere Mönche leben konnten; er sah außerdem die Stiftung von vier Kapellen samt Geistlichen vor. 1364 erbaute der deutsche Söldner Albert Bylandt in Italien das Kloster San Antonio in Vicenza, wo er samt seiner Frau Aquilia auch beigesetzt wurde.

Selbst wenn Sie keine so teuren Maßnahmen treffen, müssen Sie doch sicherstellen, dass Ihr Testament ein anständiges Begräbnis vorsieht und dazu eine angemessene Zahl Gebete für Ihr Seelenheil. In seinem Testament von 1385 führte John Devereux seine Wünsche auf, darunter Zahlungen an die Armen, die für ihn beten sollten:

> Meine Leiche soll in der Kirche der Franziskaner zu London begraben werden, und ich verfüge, dass sechs Kerzen in Kreuzform auf meine Totenbahre gestellt werden und sechs weiß gekleidete Männer sechs Fackeln tragen und dass jeder von ihnen 40 Pennys für seine Mühen empfange; desgleichen jedem armen Mann bei meinem Begräbnis einen Penny, dass er für meine Seele und alle Christenseelen betet; den Franziskanern für mein Begräbnis dort 40 Mark, und ich verfüge, dass sobald wie möglich nach meinem Tod eintausend Messen für meine Seele und die Seele meines Vaters und meiner Mutter gelesen werden.

Bertrand du Guesclin legte in seinem Testament fest, dass für ihn jeden Tag eine Messe in der bretonischen Stadt Dinan gefeiert wurde und Pilger zu seinem Heil zu zwei Wallfahrtsorten in der Bretagne reisten. Sie werden feststellen, dass geistliche Institutionen eifrig bedacht sind, Ihr Geld zu empfangen; 1346 kam es im italienischen Lucca zu einem unappetitlichen Streit zweier Kirchen, in welcher von ihnen Messen für den Deutschen Johann von Geispolzheim gelesen werden sollten.

Ihr Grab

So gut wie sicher wird Ihnen mehr daran liegen, dass eine große Zahl Messen für Ihre Seele gefeiert wird, als an der Qualität Ihres Grabes. Trotzdem hilft ein schönes Grab sicherzustellen, dass Sie künftigen Generationen in ehrenvoller Erinnerung bleiben. Eine relativ billige Option besteht darin, eine Grabplatte aus Messing zu nehmen; das ist eine sehr beliebte Art Denkmal, besonders in England. Ein Nachteil ist, dass Messingplatten reichlich stark stilisiert zu sein pflegen; ein

Ritter sieht da ziemlich wie der andere aus. Ein lebensgroßes Porträt ist schon eine viel vornehmere Art, die Sache anzugehen; Sie könnten sich eine Grabplastik in Alabaster meißeln lassen, die lebensecht bemalt ist.

Ein Grab mit Baldachin sieht besonders toll aus, wenn Sie und Ihre Familie sich das leisten können. Wenn Sie richtig viel Glück haben, will ein Dritter die Bezahlung übernehmen. Die Florentiner waren darauf erpicht, John Hawkwood ein Prunkgrab zu stiften, aber Richard II. machte ihren Plan zunichte, als er verlangte, die Leiche solle nach England heimgebracht werden. Stattdessen mussten die Florentiner es zum Andenken an Hawkwood bei einem prächtigen Fresko in der Kathedrale lassen. Oswald von Wolkenstein ließ sich bereits im Alter von 30 Jahren einen Gedenkstein anfertigen, der ihn als Kreuzfahrer im vollen Harnisch darstellt. Der Platz für das Todesdatum wurde vorsorglich freigelassen, Fahrten ins Heilige Land sind schließlich nicht ohne Risiko, und so hätte man den Gedenk- rasch in einen Grabstein umfunktionieren können.

Ganz links: Zwei englische Messingplatten, die Matthew de Swedenham und John de Creke zeigen.

Links: Zwei deutsche Grabplatten, die eine von Günther von Schwarzburg, der 1349 zum deutschen König gewählt wurde und im selben Jahr starb, die andere für Albert von Hohenlohe.

Die richtige Art zu sterben

Natürlich können Sie sich nicht aussuchen, wann und bei welcher Gelegenheit Gevatter Tod an Ihre Beckenhaube klopfen wird. Aber schrieb nicht Johannes Gerson, Kanzler der Universität Paris, zuletzt ein Büchlein über die rechte Kunst zu sterben? Und vertrat er nicht die Ansicht, dass ein richtiges, seliges Sterben die gesamte Sündenschuld auslösche? Natürlich müssen Sie Ihre Sünden bereuen und am besten die Sakramente von der Hand eines Priesters empfangen. Wenn Sie aber mit all den frommen Litaneien wenig anfangen können, dann wählen Sie am besten einen wahrhaft ritterlichen Tod.

Machen Sie es wie Johann von Luxemburg, der König von Böhmen. Halbblind und hochbetagt stand er 1346 auf dem Schlachtfeld von Crécy. Als ihm die unabwendbare Niederlage seiner französischen Verbündeten gemeldet wurde, ergriff er die Gelegenheit beim Schopfe und bat seine Begleiter: „Führt mich dahin, wo das Schlachtgetümmel am dichtesten ist. Der Herr ist mit uns, wir müssen nichts fürchten!" Sein Pferd wurde zwischen zwei Rittern festgebunden und in Richtung der feindlichen Reihen geführt. Noch bevor er dort ankam, war der König mit englischen Pfeilen gespickt. Dennoch war es ein Ende, wie ein echter Ritter es sich nicht schöner und ruhmreicher vorstellen kann. Selbst die Engländer waren so begeistert, dass der Thronfolger Edward sich aus Respekt vor dem Gefallenen die deutsche Devise Johanns zu eigen machte. „Ich dien" – so lautet seit damals der Wahlspruch des Prince of Wales!

Die Auferstehung

Sie sollten sicherstellen, dass Sie in einem Stück begraben werden. 1299 verbot Papst Bonifaz VIII. den Brauch, verschiedene Körperteile an unterschiedlichen Orten beizusetzen, aber die Durchsetzung des

Verbots war schwer, und 50 Jahre später ließ Clemens V. den Brauch wieder zu. Ist eine Leiche nicht unversehrt, ergeben sich alle möglichen theologischen Schwierigkeiten. Eines dieser Probleme beschreibt der Theologe Thomas von Cobham:

> Wenn Christus in Herrlichkeit auferstanden ist und Sein ganzer Leib verklärt wurde, wie kommt es, dass die Kirche behauptet, Christi Vorhaut, abgetrennt zur Zeit seiner Beschneidung, befinde sich noch auf Erden?

Es gibt Fälle, in denen berühmte Krieger in Einzelteilen begraben wurden. Denken Sie an Robert the Bruce, dessen Herz durch James Douglas zum Kreuzzug nach Spanien gebracht wurde. Douglas fiel im Kampf, aber glücklicherweise fand man Bruces Herz auf dem Schlachtfeld und brachte es heim nach Schottland. Doch beigesetzt wurde es in Melrose Abbey, nicht wie der Rest von Bruces Leiche in Dunfermline. Mit Sicherheit sorgt es am Tag der Auferstehung für viel unnötige Arbeit, wenn Sie aus mehreren Orten wieder zusammengepuzzelt werden müssen, und es besteht sogar die Gefahr, dass Sie unvollständig bleiben.

Memoiren

Ein Weg, sicherzugehen, dass die Nachwelt sich an Ihre Rittertaten erinnert, besteht darin, ein Buch über sich schreiben zu lassen. Falls Sie das Glück haben, Froissart zu begegnen, nimmt er vielleicht Geschichten über Sie in seine Chroniken auf. Die Alternative wäre, dass Sie dem Beispiel Pedros IV. von Aragon folgen und eine Autobiographie schreiben, obwohl es unwahrscheinlich ist, dass Sie die Zeit dafür haben. Auch Oswald von Wolkenstein verfasst klangvolle Lieder über seine Taten, die manchmal übertrieben, manchmal parodistisch derb vom Wohl und Wehe seines bewegten Lebens künden.

Die Franzosen sind besonders wild darauf, ihre Karrieren in überlangen Büchern verherrlicht zu sehen. Boucicauts Leben wurde zu seinen Lebzeiten geschrieben, hauptsächlich als Rechtfertigung für sein Verhalten als Statthalter von Genua, aber auch als Leistungsbericht bis 1409. Das Leben Bertrand du Guesclins feiert ein riesiges Werk in schlechten Versen von Jean Cuvelier. Es gibt außerdem Pläne für ein großes Buch Jean Cabaret d'Orvilles über Louis de Bourbon. Aus irgendwelchen Gründen haben sich die Engländer nicht in lange Bücher dieses Formats gestürzt; alles, was sie zu bieten haben, ist ein kurzes gereimtes Leben des Schwarzen Prinzen vom Chandos-Herold. Auch Deutsche und Italiener pflegen keine voluminösen Biographien. Wenn Sie Erfolg haben, kann das Ritterleben Ihnen großartige Chancen auf Ruhm und Reichtum bieten. Es kann sogar sein, falls Sie richtig erfolgreich sind, dass Ihre Taten noch in ferner Zukunft in Büchern gefeiert werden – vielleicht sogar im 21. Jahrhundert.

Einige Tipps zum Schluss

- Trainieren Sie hart. Leitern auf der Rückseite hochzuklettern ist eine gute Übung.
- Lassen Sie sich auf dem Schlachtfeld zum Ritter schlagen, das ist viel einfacher.
- Kaufen Sie Ihre Rüstung in Mailand.
- Halten Sie beim Reiten die Beine gestreckt.
- Leisten Sie keine gefährlichen oder überflüssigen Schwüre.
- Suchen Sie sich zum Anbeten ein vernünftiges Mädchen aus.
- Nehmen Sie nicht das Kreuz gegen die Mamelucken oder die Türken.
- Steigen Sie für die Schlacht vom Pferd.
- Wenn Sie ein Reisesouvenir brauchen, ist ein Leopard vielleicht das richtige.
- Halten Sie sich von Kanonen fern; sie können Ihnen um die Ohren fliegen.
- Kommen Sie so wenig mit Bauern in Kontakt wie möglich.
- Ziehen Sie keine leicht entzündlichen Festkleider an.
- Seien Sie bei Lösegeldforderungen nicht zu gierig.

Karte des mittelalterlichen Europa

Glossar

almogáver Spanischer Infanterist
appatis Schutzgeld, das von Städten und Dörfern erhoben wird
Ausfall Gegenangriff der in einer Burg oder Stadt Belagerten
Badezuber Behälter, der (vermutlich selten) für Waschungen in Form vollständigen Eintauchens benutzt wird
Bannerherr Militärischer Rang, höher als der des Ritters
barbuta Einheit in italienischen Heeren, bestehend aus Ritter und Page
Beckenhaube Spitzhelm, oft mit Visier
Buhurt Form des Turniers, oft als Training für junge Männer benutzt
chevauchée Streifzug mit Kavallerie
Florin Gulden; ursprünglich in Florenz geschlagene Münze
Garnison Militäreinheit, die eine Burg oder Stadt verteidigt
Gefolge Die Anhänger einer wichtigen Person
guastatori Männer, die in italienischen Armeen das Verwüsten und Zerstören übernehmen
Heerschau Truppenversammlung zu Beginn eines Feldzugs oder zur Inspektion
Heraldik Die Kunst, Wappen zu entwerfen und zu deuten
Hosenband Eigentlich ein Strumpfband, das – ringförmig um die Wade geschnallt – den Strumpfsaum am Rutschen hindert; verwirrenderweise von Edward III. als Symbol seines Ritterordens gewählt
Jungfrau Hier v. a.: junge Dame aus vornehmer Familie
Kampagne Feldzug, große Militärexpedition
Kettenhemd Rüstung aus miteinander verbundenen Metallringen
Kreuzzug Religionskrieg, mit päpstlicher Billigung geführt
Krönlein Stumpfes Ende einer Turnierlanze
Lehnsdienst Militärdienst, der im Gegenzug für Land geschuldet wird
Lösegeld Zahlung zur Freigabe eines Gefangenen
Mamelucken (auch: Mamluken) Ägyptische Krieger
Mauren Islamische Bewohner Spaniens
Plattenpanzer Rüstung aus Metallblechen
Quintane Übungsziel für das Training mit der Lanze
Sarazene Von Kreuzfahrern für jedes nichtchristliche Volk verwendeter Begriff
Schwarzer Prinz Edward, Prince of Wales, Sohn König Edwards III. von England
Söldner Soldat, der bereit ist, für Geld jedem Herrn zu dienen
sous tournois Turnusgroschen/ Turnose, eine französische Währungseinheit und Münze. 20 Sous sind eine *livre*.
Tjost geregelter Zweikampf, oft zu Pferde mit Lanzen ausgetragen
Visier beweglicher Gesichtsschutz am Helm
Waffenbruder Kampfpartner, mit dem Gewinn und Verlust geteilt werden
Wappen Heraldisches Symbol oder Muster, oft auf einem Schild, das eine bestimmte Familie oder Person bezeichnet

Zeittafel

- **1302** Schlacht bei Courtrai. Die flämische Infanterie besiegt das französische Heer.
- **1307** Schlacht bei Loudoun Hill. Erster wichtiger Sieg von Robert (the) Bruce über die Engländer.
- **1314** Schlacht bei Bannockburn. Schottischer Sieg über die Engländer unter Edward II.
- **1315** Schlacht bei Morgarten. Schweizer Erfolg über Leopold von Österreich.
- **1317** Weardale-Feldzug. Erste Kampagne Edwards III. in Nordengland gegen die Schotten.
- **1322** Schlacht bei Mühldorf. Sieg Kaiser Ludwigs des Bayern über den Gegenkönig Friedrich den Schönen.
- **1328** Schlacht bei Cassel. Französischer Sieg über flämische Streitkräfte.
- **1332** Schlacht bei Dupplin Moor. Englischer Erfolg gegen eine überlegene schottische Armee.
- **1333** Schlacht von Halidon Hill. Sieg Edwards III. über die Schotten.
- **1339** Die französische und die englische Armee meiden den Kampf bei Buirenfosse.
- **1340** Schlacht bei Parabiago nahe Mailand. Mailänder Sieg über die St.-Georgs-Kompanie.
- **1340** Schlacht von Sluys. Englischer Seesieg in den Niederlanden über die französische Flotte.
- **1340** Die Engländer und ihre Verbündeten scheitern in der Belagerung von Tournai.
- **1344** Kreuzfahrertruppen erobern Algeciras in Spanien.
- **1346** Schlacht bei Crécy. Englischer Sieg über die Franzosen.
- **1346** Schlacht bei Neville's Cross. Schottischer König David II. von den Engländern gefangengenommen.
- **1352** Schlacht bei Mauron. Englischer Sieg gegen die Franzosen.
- **1356** Schlacht bei Poitiers. Englischer Sieg unter Gefangennahme des französischen Königs Jean II.
- **1360** Vertrag von Brétigny zwischen Frankreich und England.
- **1367** Schlacht bei Nájera in Spanien zwischen Pedro von Kastilien, durch den Schwarzen Prinzen unterstützt, und den Unterstützern Heinrichs von Trastamara.
- **1382** Schlacht von Roosebeke. Französischer Sieg über die Flamen.
- **1385** Schlacht von Aljubarrota. Sieg der Portugiesen mit englischer Hilfe gegen eine französisch-kastilische Armee.
- **1387** Schlacht von Castagnaro. Paduaner Truppen unter John Hawkwood besiegen Verona.
- **1396** Schlacht bei Nikopolis. Kreuzfahrerheer auf dem Balkan von den Osmanen besiegt.
- **1410** Schlacht von Tannenberg (Grunwald). Polnischer Sieg über den Deutschen Orden.
- **1415** Schlacht bei Agincourt. Englischer Sieg über Frankreich.

Zum Weiterlesen

S. Anglo, *The Martial Arts of Renaissance Europe*, New Haven und London 2000

R. Barber (Hg.), *The Life and Campaigns of the Black Prince*, Woodbridge 1979

Ian Barnes, *Der große historische Atlas der Ritter & Burgen*, Faszination Mittelalter, Wien 2008

Thomas Biller, *Die Adelsburg in Deutschland. Entstehung, Bedeutung und Form*, München 1993

D'A. J. D. Boulton, *The Knights of the Crown: The Monarchical Orders of Knighthood in Later Medieval Europe 1325–1520*, London und New York 2009

Burg. Katalog zur Ausstellung des Germanischen Nationalmuseums Nürnberg und des Deutschen Historischen Museums Berlin, 3 Bde., Berlin/Nürnberg/Dresden 2010

W. Caferro, *John Hawkwood: An English Mercenary in Fourteenth Century Italy*, Baltimore 2006.

Martin Clauss, *Ritter und Raufbolde. Vom Krieg im Mittelalter* (Geschichte erzählt), Darmstadt 2009

Joachim Ehlers, *Die Ritter. Geschichte und Kultur* (C.H. Beck Wissen), München 2006

Josef Fleckenstein, *Rittertum und ritterliche Welt*, Unter Mitwirkung von Thomas Zotz, Berlin 2002

Werner Hechberger, *Adel, Ministerialität und Rittertum im Mittelalter* (Enzyklopädie deutscher Geschichte 72), München 2004

N. Houseley, *The Later Crusades: From Lyons to Alcazar, 1274–1580*, Oxford 1992

R. W. Kaeuper, und E. Kennedy (Hg.), *The Book of Chivalry of Geoffroi de Charny*, Philadelphia 1996

M. H. Keen, *Nobles, Knights and Men-at-Arms in the Middle Ages*, London 1996

Karl Kurt Klein (Hg.), *Die Lieder Oswalds von Wolkenstein*, Altdeutsche Textbibliothek 55, Tübingen 1962

Dieter Kühn, *Ich Wolkenstein. Eine Biographie* (Insel Taschenbuch 497), Frankfurt a. M. 1980

Ulrich Lehnart, *Kleidung und Waffen der Spätgotik*, Teil I: 1320–1370, Teil II: 1370–1420, Wald-Michelbach 2000/2003

Michael Prestwich, *Armies and Warfare in the Middle Ages: The English Experience*, London 1996

Malte Prietzel, *Krieg im Mittelalter*, Darmstadt 2006

Stephan Selzer, *Deutsche Söldner im Italien des Trecento* (Bibliothek des Deutschen Historischen Instituts in Rom 98), Tübingen 2001

Karl-Heinz Spieß, *Fürsten und Höfe im Mittelalter*, Darmstadt 2008

Websites

De Re Militari, www.deremilitari.org/

Internet Medieval Sourcebook www.fordham.edu/halsall/sbook.html

Viele Werke, zum Beispiel eine Ausgabe der *Chroniken* Froissarts, finden sich unter gallia.bnf.fr/

Nachweis der Zitate

Alle Chaucer-Zitate beruhen auf dem Text mit neuenglischer Übersetzung in classiclit.about.com/od/chaucergeofrey/Chaucer_Geoffrey.htm

Kapitel I

7 (Das Buch vom Rittertum) *The Book of Chivalry by Geoffroi de Charny* (hg. von R. W. Kaeuper und E. Kennedy), 105

Kapitel II

18 H. Döbringer, *Fechtbuch* (engl. Übs. von D. Lindholm), S. 18 recto; www.thearma.org/Manuals/dobringer.html
21 H. Döbringer, *Fechtbuch*, S. 16 recto
21 (Fechtmeister) S. Anglo, *The Martial Arts of Renaissance Europe*, 8
21/22 (Pero) G. Diaz de Gamez, *The Unconquered Knight* (übs. von J. Evans), Cambridge, Ontario 2000, 17
23 *The Book of Chivalry by Geoffroi de Charny* (hg. von R. W. Kaeuper und E. Kennedy), 115
25 J. Barbour, *The Bruce* (hg. von A. A. M. Duncan), Edinburgh 1997, 132
25 *Die Lieder Oswalds von Wolkenstein* (hg. von Karl Kurt Klein), Altdeutsche Textbibliothek 55, Tübingen 1962, Nr. 18. (Kl. 18)
27 *Chroniques de Jean Froissart* (hg. von S. Luce), Paris 1869, I, Teil ii, 2

Kapitel III

28 *Sir John Froissart's Chronicles of England, France, Spain* (hg. von T. Johnes), London 1839, II, 119
30 M. Mallet, *Mercenaries and their Masters. Warfare in Renaissance Italy*, 211
33 *Die Lieder Oswalds von Wolkenstein* (hg. von Karl Kurt Klein), Altdeutsche Textbibliothek 55, Tübingen 1962, Nr. 122. Übersetzung nach: Dieter Kühn, *Ich Wolkenstein. Eine Biographie* (Insel Taschenbuch 497), Frankfurt a. M. 1980, 512
33 *The Book of Chivalry by Geoffroi de Charny* (hg. von R. W. Kaeuper und E. Kennedy), 177
35/36 *Menestrellorum multitudo* (hg. von C. Bullock-Davies), Cardiff 1978, xxiv
39 J. Froissart, *Chronicles* (hg. von G. Brereton), Harmondsworth 1968, 72
39 Franco Sacchetti, *Il trecentonovelle* (hg. von Vincenzo Pernicone), Florenz 1946, Nr. 150
40 *The Life and Campaigns of the Black Prince* (hg. von R. Barber), 86

Kapitel IV

44 Chronik des Filippo Villani, zit. nach G. R. Parks, *The English Traveler to Italy*, Stanford 1954; www.deremilitari.org/resources/sources/villani3.htm
55 *The Tree of Battles of Honoré Bouvet* (hg. von G. W. Coopland), Liverpool 1949, 121

55 Albertus Magnus, *De animalibus libri XXVI*. Nach der Cölner Urschrift (hg. von H. Stadler), 2 Bde. (Beiträge zur Geschichte der Philosophie des Mittelalters 15–16), Münster 1916/1920, Bd. 2, 1378
57 Pferdepreise nach: K. H. Schäfer, *Deutsche Ritter und Edelknechte in Italien während des 14. Jahrhunderts*, 4 Bde. (Quellen und Forschungen der Görres Gesellschaft 15, 16, 25), Paderborn 1911–1940, Bd. 1, 57–67
57 *Middle English Verse Romances* (hg. von D. B. Sands), Exeter 1986, 209
60 *Die Limburger Chronik des Tileman Elhen von Wolfhagen* (hg. von A. Wyss), MGH Deutsche Chroniken IV, 1, Hannover 1883, 1–95, c. 145, 80
62 *The Book of Chivalry by Geoffroi de Charny* (hg. von R. W. Kaeuper und E. Kennedy), 171
63 *Sir John Froissart's Chronicles of England, France, Spain* (hg. von T. Johnes), I, 497

Kapitel V

68 *Chronik des Matteo Villani*, zit. nach D'A. J. D. Boulton, *The Knights of the Crown*, 217
71 (Ritter vom Band) *Crónica del Rey Don Alfonso el Onceno*, zit. nach D'A. J. D. Boulton, *The Knights of the Crown*, 53
71 (Orden der Tafelrunde) *Chronique de Jean le Bel* (hg. von J. Viard und E. Déprez), Paris 1905, II, 26f.
77 Christine de Pizan, www.gutenberg.org/files/18061/

Kapitel VI

78 „Private Indentures for Life Service in Peace and War 1278–1478" (hg. von M. Jones und S. Walker), *Camden Miscellany XXXII*, London 1994, 70
81 *The Song of Caerlaverock*; www.deremilitari.org
82/83 „Private Indentures for Life Service in Peace and War 1278–1478" (hg. von M. Jones und S. Walker), *Camden Miscellany XXXII*, London 1994, 61f.
83/84 *Calendar of Patent Rolls*, 1346, London (Public Records Office) 126
86 Die seit Mitte des 15. Jahrhunderts nachweisbare Geschichte nach: Johannes Aventinus, *Bayerische Chronik*, Bd. 5 (hg. von M. von Lexer), München 1886, Buch VIII, 19, 452
86 J. Andoni Fernández de Larrea Rojas, *Guerra y sociedad en Navarra durante la Edad Media*. Bilbao 1992, 146

Kapitel VII

88 *Vita Edwardi Secundi* (hg. von W. Childs), Oxford 2005, 7
92, 94 Ulrich von Liechtenstein, *Frauendienst* (hg. von F. V. Spechtler), Göppingen 1987, 116 und 121
99/100 *The Chronicles of Enguerrand de Monstrelet* (übs. von T. Johnes), London 1840, I, 5

Kapitel VIII

104 „The Vows of the Heron", in: *Laurence Minot Poems* (hg. von T. B. James und J. Simons), Exeter (Exeter Medieval English Texts and Studies) 1989, 79
107/108 *The Song of Caerlaverock*; www.deremilitari.org
109 (Erschöpfungsbericht) Pere III of Catalonia/Peter IV of Aragon, *Chronicle* (übs. von M. Hillgarth), Toronto (Pontifical Institute of Medieval Studies) 1980, II, 561
110 (Verdorbenes Essen) G. Diaz de Gamez, *The Unconquered Knight*, 6
113 (Streifzug des Schwarzen Prinzen) *The Life and Campaigns of the Black Prince* (hg. von R. Barber), 50
114 (Pedro IV.) Pere III of Catalonia/Peter IV of Aragon, *Chronicle*, I, 204

116 *The Chronicle of Jean de Venette* (hg. von R. Newhall, übs. von J. Birdsall), New York 1953, 95
116 *The Tree of Battles of Honoré Bouvet* (hg. von G. W. Coopland), 153
117 *Chronica de gestis principum* (hg. von G. Leidinger), MGH, SS. rer. Germ. 19, Hannover und Leipzig 1918, 97

Kapitel IX

129 (Boucicauts Feldzug) *Le Livre des Fais du Bon Messire Jehan le Maingre dit Boucicaut, Mareschal de France et Gouverneur de Jenes* (hg. von D. Lalande), Genf 1895, 77
130 N. Houseley, *The Later Crusades*, 327
132 P. Suchenwirt, *Von herzog Albrechts ritterschaft* (hg. von Ernst Strehlke), in: *Scriptores rerum Prussicarum 2*, Leipzig 1863, 162–169

Kapitel X

135 *Petrarcas Briefwechsel mit deutschen Zeitgenossen* (hg. von K. Burdach und P. Piur), Berlin 1933, 204
135 (Ritter im Ausland) *The Book of Chivalry by Geoffroi de Charny* (hg. von R. W. Kaeuper und E. Kennedy), 93
143 F. Sacchetti, *Il trecentonovelle* (hg. von V. Pernicone), Florenz 1946, Nr. 181
143/144 W. Caferro, *Mercenary Companies and the Decline of Siena*, 36

Kapitel XI

146 „The Vows of the Heron", in: *Laurence Minot Poems* (hg. von T. B. James und J. Simons), 79
147 *Medieval English Verse* (übs. von B. Stone), Harmondsworth 1964, 202
148 *Die Lieder Oswalds von Wolkenstein* (hg. von Karl Kurt Klein), Nr. 61. Übersetzung nach: Dieter Kühn, *Ich Wolkenstein*, 272

149 A. Capellanus, *De amore. Über die Liebe*, Lateinisch-Deutsch (hg. von F. Neumann), excerpta classica 22, Mainz 2003, I, 11, 180
152/153 J. Froissart, *Chronicles* (hg. von G. Brereton), 162
154 S. Muhlberger, *Jousts and Tournaments*, 25
154 (William Gold) *Chronicon Henrici Knighton II* (hg. von R. Lumley), (Rolls Series) London 1895, 58
157 *Die Lieder Oswalds von Wolkenstein* (hg. von Karl Kurt Klein), Nr. 59. Übersetzung nach: Dieter Kühn, *Ich Wolkenstein*, 343
158 *Calendar of State Papers and Manuscripts relating to English Affairs Existing in the Archives of Venice and Other Libraries of Northern Italy I* (hg. von H. F. Brown und A. B. Hind). London 1864, 24
159 (Tapfer im Schlafzimmer) W. M. Ormrod, „Knights of Venus", *Medium Aevum* 73 (2004), 290

Kapitel XII

161 *Gesta Henrici Quinti* (hg. und übs. von F. Taylor und J. S. Roskell), Oxford 1975, 39
161 *The Song of Caerlaverock*; www.deremilitari.org
164/165 *Liber Quotidianus Contrarotulatoris Garderobae* (hg. von A. Topham u. a.), London (Society of Antiquaries of London) 1987, 70
171 *Sir John Froissart's Chronicles of England, France, Spain* (hg. von T. Johnes), I, 454
172 *Die Lieder Oswalds von Wolkenstein* (hg. von Karl Kurt Klein), Nr. 85. Übersetzung nach: Dieter Kühn, *Ich Wolkenstein*, 371

Kapitel XIII

174/178 (Poitiers) *The Life and Campaigns of the Black Prince* (hg. von R. Barber), 126; 74f.
178 (Hawkwood) W. Caferro, *John Hawkwood*, 11

180/181 J. Barbour, *The Bruce* (hg. von A. A. M. Duncan), 19; 302
181 J. Barbour, *The Bruce* (hg. von A. A. M. Duncan), 19; 476
187 (Aljubarrota) *Sir John Froissart's Chronicles of England, France, Spain* (hg. von T. Johnes), II, 121; I, 121
188 (Kampflärm) J. Barbour, *The Bruce* (hg. von A. A. M. Duncan), 486–488
189 *Gesta Henrici Quinti* (hg. und übs. von F. Taylor und J. S. Roskell), 91
190/191 (Jan Długosz) www.deremilitari.org
191 (Mutiger Audley) *Sir John Froissart's Chronicles of England, France, Spain* (hg. von T. Johnes), I, 221
191 (Deyncourt) J. Barbour, *The Bruce* (hg. von A. A. M. Duncan), 434
191/192 (Argentein) J. Barbour, *The Bruce* (hg. von A. A. M. Duncan), 494
194 Matthias von Neuenburg, *Chronik* (hg. von A. Hofmeister), MGH SS rer. Germ. NS 4, Berlin 1924/1940, 311

Kapitel XIV
196 J. Froissart, *Chronicles* (hg. von G. Brereton), 161
204 S. Cooper, *Sir John Hawkwood. Chivalry and the Art of War*, 97
206 „Private Indentures for Life Service in Peace and War 1278–1478" (hg. von M. Jones und S. Walker), 107

Kapitel XV
209 *Die Lieder Oswalds von Wolkenstein* (hg. von Karl Kurt Klein), Nr. 18. Übersetzung nach: Dieter Kühn, *Ich Wolkenstein*, 590
209/210 *Die Lieder Oswalds von Wolkenstein* (hg. von Karl Kurt Klein), Nr. 18. Übersetzung nach: Dieter Kühn, *Ich Wolkenstein*, 203
211 *Testamenta Vetusta* (hg. von N. H. Nicholas), 134
213 *Cronica ecclesiae Pragensis Benessii Krabice de Weitmile* (hg. von J. Emler), in: *Fontes rerum Bohemicarum*, tom. IV, Prag 1884, 459–548, 514

Die Jagd ist ein beliebter Zeitvertreib des Ritterstandes; sie bietet außerdem gute Gelegenheit, den Umgang mit Waffen zu üben. Gaston Phoebus, Graf von Foix, schrieb ein Jagdlehrbuch, das er dem Herzog von Burgund widmete. Auf dem Blatt aus Gaston Phoebus' Jagdlehrbuch ist eine Anzahl Ritter mit einer Dame auf der Falkenbeize; Hunde apportieren die dabei erlegten Enten, Reiher und sonstigen Wasservögel.

Index

Die *kursiven* Seitenzahlen verweisen auf Abbildungen.

Aachen 36
Akkon 69, 125
Alexandria 124, 126, 208
Albrecht III. (Herzog von Österreich, 1365–1395) 131
Alfonso XI., König von Kastilien 100, 129
al-Mahdiya *127*
Amadeus VI. von Savoyen 58
appatis 203, 218
Arderne, John von 120
Argentein, Giles von 103, 126, 191
Artus (Arthur), König von Britannien 8, 9, 11, 40, 71, 101, 209
Astrologie 105
Audley, James 29, 97, 193
Auferstehung 213f.
Avignon 55, 67, 204
Bad, Bäder 34, 93, 120, 129, 209, 218
Banner 14, 17, 39, 40f., 79, 81, 90, 91, 108, 117, 138, 140, 181, 207
Bannerherr 40f., 79, 202, 218
Barbiano, Alberigo da 139
barbuta 79, 140, 218
Basset, Ralph, Lord of Drayton 26, 210
Bauern 29, 30, 40, 89, 114, *115*, 116, 149, 203f., 215
Bauernaufstand 29, 116, 118, 150
Bāyazid (osmanischer Sultan 1389–1402) 128, 134, 184
Beauchamp, Thomas, Earl von Warwick 78
Beaumanoir, Jean de 179, *181*
Bel, Jean le 46, 71, 193
Belagerung
–Algeciras 124, 129, 219
–Berwick 170
–Brest 170
–Caerlaverock 161–163, *164*
–Calais 94, 96
–Greifenstein 172
–Harfleur 164
–Iglesias 170f.
–Melun 119
–Montignac 165
–Norham 151

–St. Sauveur 170
–Stirling Castle 171, 172, 173
–Tournai 219
Belagerungsmaschinen *166–169*
Belagerungstechniken 160–166, *162*, 170
Berwick 151, 170
Beute 28, 42, 90, 110, 114, 126, 132, 134, 149, 197, 203, 204–206, 205, 208
Blois, Charles von 200
Bogenschützen 9, 58, 65, *65*, 79, 140, *165*, 175, 176, 177, 178, 182, *183*, 183, 184, *185*, 186–188, *187*
Bohun, Henry de 64, 82
Bolingbroke, Henry s. Henry IV.
Bongard, Haneken 37, 114, 138, 204, 208
Bonifaz VIII. (Papst 1294–1303) 213
Book of Holy Medicine 25
Bordeaux 66, 210
Boucicaut (Jean II. le Maingre)
–Belagerungen 161, 165f.
–Karriere 14f., 29, 41, 128, 207, 214f.
–Kindheit 18, 25, 192
–Kreuzzüge 14f., 129, 207
–Persönlichkeit 14f., 19f., 32, 76f., 82, 111, 118f., 149, 158, 166, 203, 214f.
–Schlachten 14f., 20, 25, 37, 64, 174, 176, 184, 192, 202, 207
–Tjoste 94, 96, 97, 101
Bourbon, Louis Herzog v. 37, 74, *129*, 163, 215
Bouvet, Honoré 55, 87, 116
Bruce, Robert (the) (König von Schottland 1306–29) 25, 64, 129, 151, 177, 180f., 193, 214, 219
Buch vom Rittertum s. Charny
Caen 150, 204
Calais 14, 94, 96, 98, 109
Calveley, Constança 154
Calveley, Hugh 39, 67, 81, 118, 154, 156, 179, 180, 207
Captal de Buch s. Grailly
Cesena 144, 150
Chandos-Herold 40, 174, 215
Chandos, John 39, 41, 198, 202
Charles V. (König von Frankreich 1364–80) 79, 87, 202

Charles VI. (König von Frankreich 1380–1422) 123
Charny, Geoffroi de
–*Buch vom Rittertum* 7, 13f., 23, 24, 33, 39, 43, 62, 134
–Karriere 13f., 128, 179
–über Frauen 24, 146, 149, 156, 157
–über Kriegsbeute 196, 203
–über den Ritterschlag 34
–über Schlachten 88, 174
–über Söldner 135
Chaucer, Geoffrey 26, 26, 91, 106, 124, *125*, 128, 129
chevauchée 109, 112f., 218
Chirurgen, Operationen 119f., *121*
Clemens V. (Papst 1305–14) 214
Clemens VII. (Gegenpapst 1378–94) 133
Clifford, Robert 81f.
Colville, Robert 122
condotta 84
condottieri 14, 84
Coupland, John von 200
Cross-dressing 92
d'Auberchicourt, Eustace 51, 152, 156, 199, 202f.
Dammartin, Graf von 199, 203
Danzig 129, 132
Datini, Francesco 46, 55
David II. (König von Schottland 1329–71) 11, 219
De fistula in ano 120
Derby, Earl von 129, 152
Deutscher Orden 13, 70, 85, 129–131, 219
Disziplin 117–119
Douglas Castle 152
Douglas, James 129, 214
Douglas, William 186
Dubois, Pierre 126
Edinburgh Castle 163
Edward I. (König von England 1272–1307) 11, 100, 107, 108, 151, 157
Edward II. (König von England 1307–1327) 11, 23, 35, 43, 84, 103, 219
Edward III. (König von England 1327–1377) 33, *73*, 152, 191, 200, 218
–angebliche Vergewaltigung der Gräfin von Salisbury 151
–Begnadigungen 87
–Feldzüge 37, 67, 109, 123, *195*, 198, 219

–Ritterorden 71–73, 72f.,
–Turniere 100
Edward, der Schwarze Prinz 40, 218
–Belagerungen 144, 171
–Feldzüge 25, 31, 109, 110, 112–114
–Gefolge 79
–Karriere 25, 37, 41, 100, 215
–Schlachten 41, 178, 180, 183, 190, 191, 202, 213, 219
Ehe 24, 29, 144, 154, 156–158
Essen und Trinken 43, 76, 105, 110–112, 140, 144, 170
Eu, Graf von 102

Fechtbuch 18, 21
Fechten 21
Florenz 12, 14, 84, 102, 136, 137, 202, 218
Foix, Gaston, Graf von 74, 111, 129, 150, 214, *215*
Frauen 7, 27, 54, 77, 116
–adlige *56*, 74, 75, *148*, 149
–Anatomie 147
–als Dienstleisterinnen 80, 140
–als Geliebte 147, 149, 151f., 156–158
–auf Turnieren 101–103, 153–155, *155*
–in Käfigen 151
–leichtlebige 149
–Überredungskünste 151f., 156f.
–vollkommene 147
–vor schrecklichem Schicksal gerettet 150
Friedrich IV. (Herzog von Österreich 1404–1439) 15, 172
Froissart, Jean *17*, 27, 41, 63, 96, 158, 171, *175*, *189*, 196, 200, 206, 214
Gaunt, John of, Herzog von Lancaster 25
Gefolge 79–85, 108, 157, 191, 206, 218
Gelage des Reihers 152
Gelübde 152, 193
Genua 15, 207, 215
Gloucester, Earl von 43, 179, 191
Götter 134, 192
Gold, William 156f.
Gräber 211–213, 212
Grailly, Jean de (der Capital de Buch) 150, 182, 210
Granada 29, 124, 129
Gray, Thomas (d. Ä.) 57, 173

Gray, Thomas (d. J.) 25
Grosmont, Henry von, Herzog von Lancaster 25, 149
guastatori 114, 140, 204, 218
Guesclin, Bertrand du 64, 79, 80, 211
−Belagerungen 119, 163
−Gefangenschaft 180, 202
−Gefolge 79, 81
−Karriere 18, 29, 32, 41, 215
−Persönlichkeit 18, 33
Handgemenge 89, 90, 181, 183, *183*, 186, 188−191, *190*, 192
Hausmann, Anna 157
Hawkwood, Donnina 156, 207
Hawkwood, John 114, *137*, 156, 200
−Belagerungen 142, 144, 145, 150, 212
−Beziehungen zu italienischen Städten 14, 84, 139, 142, 204, 208, 212
−Karriere 14, 29, 43, 134, 136
−Kinder 144, 158
−Persönlichkeit 29, 105, 119, 143, 144, 145, 178, 207
−Schlachten 142, 177, 187, 219
Heerschau 81, 105, 145, 218
Henry IV. (vormals Bolingbroke; König von England 1399−1413) 111, 132f.
Henry V. (König von England 1413−22) 100, 114, 118, 164, 178f., 199
Heraldik 19, 218
Hereford, Earl von 82, 179
Himmel 33, 125, 181; vgl. 209f.
Hölle 209
Hosenbandorden 71−73, *72f.*, 74, 76, 77, 218
Hus, Jan (†1415) 153
Isabella von Bayern, Königin von Frankreich 101
Jagd 23, 23, 27, 101, 131, 224, 225
Janet, Geliebte von William Gold 156f.
Jean II. (König von Frankreich 1350−64) 73, 190, 219
Jerusalem 15, 33, 34f., 124f., 133
João (König von Portugal 1385−1433) 28
Johann von Luxemburg (König von Böhmen 1310−46) 103, 193, 213
Johann II. (Graf von Saarbrücken) 200
Kannibalismus 116
Kleidung 26, 35f., 52, 72, 75, 83, 92, 100f., *150*, 154, 159

Knappen 15, 19, 26, 26f., 31f., 33, 36, 71, 79f., 84, 122, 129, 131, 140, 161, 162, 184, 191, 198, 199, 201
Knollys, Constance 156
Knollys, Robert 19, 80, 118, 119, 156, 180, 205, 207, 210
Knoten, Gesellschaft vom 68, 74, 76, 76
Königsberg 131f.
Konnetabel (Amt) 29, 32, 41f., 102, 117, 140, 197, 208
Konradin 176
Konstanz, Konzil von 31, 133
Kos, Drache von 133
Kreuzzug 9, 12, 14, 69, 70, 111, 124−134, 144, 180, 192, 207, 214, 218
Kriegsrecht 10, 115, 144, 171
Kumanen 188
Kyeser, Konrad 24, 162
Lager 94, 96, 105−107, *106*
Lancaster, Herzog von s. Gaunt; Grosmont
Landau, Konrad von 138f., 142f., 194
Latimer, William (†1327) 157
Latimer, William (†1381) 170
Leopold III. (Herzog von Österreich 1379−1386) 117, 186, 219
Liebe 16, 92, 122, 147−149, 151−153, 157, 209f.
Liechtenstein, Ulrich von 92−94, 95
Limoges 41, 144, 171
Limousin 158
Litauen 13, 15, 36, 85, 130f., 134, 188, 192
Llull, Ramón 24, 33
Lösegeld 90, 114, 118, 191, 194, 196−203, 205, 206, 207, 208, 215, 218
Louis, Herzog von Burgund 215
Lovel, William 87
Ludwig IV. der Bayer (römischer Kaiser 1328−47) 86, 138, 174, 219
Ludwig II. der Strenge (Herzog von Bayern 1255−1294) 151
Luttrell, Geoffrey 56, 111, 148
Luxemburg s. Johann
Mailand 12, 14, 46, 136, 138, 140, 156, 215, 219
Mamelucken 124, 125, 128, 134, 215
Marienburg 129, 131
Marschall 14, 29, 39, 41f., 82, 105, 107, 111, 117, 118, 140
Mauléon, Bascot de s. Grailly
Mauny, Walter 158, 210

Meaux 150
Merode 39
Mézières, Philippe de 125
Mondeville, Henri de 119, 123, 159
Montague, William, Earl von Salisbury 103
Montferrand 164
Montpellier 120, 204
Mord 87, 159
Mugnano di Creta 114
Murad I. (osmanischer Sultan 1359–89) 126, 128
Narbonne 109
Navarra 83, 129
Neapel 13, 74, 75, 76, 173
Niño, Pero 21, 29, 120
Nonne, attraktive 119
Norham Castle 151
Norwich, Bischof von 133, 180
Oriflamme 14
Orthez 206
Osmanen 125, 126, 128, 219
Ottokar II. (König von Böhmen 1253–1278) 176
Padua 14, 105, 142, 159
Pagen 79, 80, 85, 91, 93, 140
Pappenheim 42
Pedro IV. (König von Aragon 1336–87) 57, 86, 109, 114, 154, 181, 214
Pest 27, 120f.
Peter I. (König von Zypern 1358–69) 126
Pferde 7, 16, 19, 21–23, 27, 42, 44, 55–60, 79, 85–87, 90, 93f., 95, 102, 104, 107, 108, 110, 113, 143, 153, 170, 182, 184, 186, 198, 208
Philippe IV. (König von Frankreich 1285–1314) 69, 100, 119
Philippe VI. (König von Frankreich 1328–50) 102, 152, 198
Pizan, Christine de 16, 24, 77
Poinz, Hugh 39
Polygamie 131
Ponthieu 80
Prag 132f.
Prato 46, 53
Prendergast, John 99f.
Preußen 124, 130f.
Quenillart, Henry 199
Quintane 20, 218
Raoul, Graf von Eu s. Eu
Reims 109
Rennes 32

Rheinland 135, 138
Rhodos 69, 126, 133
Ribblesdale, schöne Maid von 147
Richard II. (König von England 1377–99) 159, 212
Ritterorden (s. a. Deutscher Orden, Hosenband, Knoten, Templer) 13, 14, 68–77, 88, 100, 149
Rittertum 7, 9, 13f., 26, 30, 31f., 35, 36, 39f., 88, 116, 123, 143–145, 203
Ronzin 56f.
Roxburgh 151
Roye, Renaud de 94, 97
Roye, Tristan de 122
Rüstung 6, 19f., 26, 44–55, 67, 99, 103, 108, 122, 178, 186, 190, 192, 194, 198, 209, 215, 218

Sättel 19, 20f., 54, 59f., 94, 108, 181
Salisbury, Gräfin von 151
Salisbury, Earl von 103, 129, 152, 199, 203
Saloniki 126
Sankt Jakob von Santiago, Orden des 70, 70
Sardinien 170f., 181
Scalacronica 25
Schlacht
–Agincourt 11, 15, 31, 176, 178, 185, 186, 189, 199, 202, 207, 219
–Aljubarrota 28, 133, 183, 183, 187, 219
–Auray 32, 67, 177, 180, 187, 198, 202
–Bannockburn 11, 43, 64, 171, 176, 179, 182, 191, 193f., 195, 219
–Brignais 139
–Buirenfosse 37, 174, 219
–Cassel 182, 219
–Castagnaro 172, 177, 187, 193, 219
–Courtrai 11, 12, 80, 182, 198, 219
–Crécy 11, 11, 13, 41, 72, 86, 104, 176, 177, 179, 183, 184, 187, 192, 193, 195, 198, 213, 219
–Dupplin Moor 184, 189, 219
–Grunwald s. Tannenberg
–Halidon Hill 122, 184, 219
–Kampf der Dreißig 179f.
–Launac 200
–Laupen 182
–Les Espagnols sur Mer 25

–Loudoun Hill 177, 219
–Marchfeld 176
–Mauron 73, 193, 219
–Morgarten 11, 182, 219
–Morlaix 13
–Mühldorf 86, 117, 176, 203, 219
–Nájera 32, 41, 180, 183, 194, 201, 202, 219
–Neville's Cross 11, 188, 189, 200
–Nikopolis 15, 20, 54, 128, 134, 174, 179, 184, 192, 202, 219
–Nogent-sur-Seine 49
–Parabiago 105, 138, 219
–Poitiers 11, 14, 39, 41, 73, 104, 142, 175, 177, 178, 179, 182, 186, 187, 190, 191, 195, 199, 200, 203, 219
–Roosebeke 11, 14, 37, 43, 64, 182, 192, 219
–Sempach 11, 54, 67, 183, 186
–Shrewsbury 120
–Tannenberg 70, 130, 173, 190, 195, 219
Schießpulver 169, 173
Schwaben 135, 138
Schwarzer Prinz s. Edward
Schweppermann, Seyfried 86
Schwimmen 24
Siena 106, 204, 208
Sigismund (König von Ungarn 1387–1437) 15, 128, 129, 179
Sir Launfal 57
The Siege of Caerlaverock 81, 107, 108, 161
Söldnerkompanien 14, 114, 129, 137–140, 142, 204, 206, 219
Sold 85, 105, 117, 140, 143, 144, 208
St. Inglevert 94, 96, 96–98
Sterz, Albert 139, 142, 204, 208
Tafelrunde 8, 71, 101
Tancarville, Raoul Graf von 200, 208
Templer 36, 69, 69, 70
Teufel 35
Timur (Tamerlan) 126, 134
Tjost 23, 26, 59, 61, 74, 88, 91, 92–98, 100, 101, 102, 103, 122, 131, 146, 153, 155, 218
Todsünden, Sieben 100
Topaz, Sir 106
Turnier 16, 17, 18, 44, 47, 48, 50, 54, 56, 58, 60, 61, 74, 80, 82, 83, 88–92, 96, 98, 100–104, 122, 126, 146, 151, 153f., 218

Urban VI. (Papst 1378–89) 133
Urslingen, Werner von 136, 138
Vegetius 24, 105
Venedig 12, 132f., 138, 140, 157
Venette, Jean de 114
Verona 142, 149, 193, 219
Vicomte, Renaud le 200
Villani, Filippo 44
Villani, Matteo 68
Visconti, Bernabò 156
Vows of the Heron 104, 146, 152
Vytautas, Fürst von Litauen 130
Waffen
–Armbrust 23, 64, 64f., 120, 165, 165, 172
–Axt 64, 64, 98, 99, 99, 192
–Dolch 44, 98, 99, 192
–Falchion 63
–Hellebarde 66, 66, 182
–Kanonen 67, 160, 164, 165, 166, 169, 169, 173, 192f., 215
–Langbogen 65, 65, 186–188, 187
–Lanze 7, 16, 20, 27, 28, 33, 44, 49, 56, 59, 60–62, 61, 92–94, 92f., 96, 97, 98, 102f., 104, 117, 122, 140, 151, 161, 163, 181, 183, 189, 194, 218
–Pfeile 58, 65–67, 90, 120, 169, 186–188, 213
–Schwerter 5, 7, 16, 20f., 27, 35, 44, 49, 59, 62f., 62, 98, 99, 181, 184, 190
–Stangenwaffen 66, 66, 182
–Streitkolben 48, 63
Waffenbrüderschaft 23, 80, 118, 158, 180, 218
Wappen 17, 19, 31, 37–39, 38, 43, 45, 50, 51, 52, 53, 56, 58, 60, 92f., 138, 218
Warenne, John de, Earl von Surrey 158
Weardale-Feldzug 25, 219
Wechselkurse 201
Westminster Abbey 36, 201
Windsor Castle 71, 76
Wien 132
Wolkenstein, Oswald von 15, 25, 33, 129, 131, 148, 157, 172, 200, 208, 209f., 212, 214
York, Herzog von 205
Zelte 96, 106f., 106–108, 165

Abbildungsnachweis

Aus der Rede der Stadt Prato in der Toskana an Robert von Anjou, König von Neapel (ca. 1335-40). British Library, London 53
Biblioteca Nazionale Marciana, Venedig. Foto Alfredo Dagli Orti/ Art Archive, London 112/113
Bibliothèque Nationale, Paris 8, 189
Bibliothèque Nationale, Paris. Foto akg-images, London 76
Bodleian Library, Oxford 150
Aus dem Buch des Ordens von Burgos (14. Jh.), Archivo Municipal, Burgos (Spanien) 70
Foto Bridgeman Art Library, London/ Neil Holmes 72
British Library, London 73, 81, 115, 165, 183
British Museum, London 153, 95
Aus Geoffrey Chaucer, *The Canterbury Tales* nach der Ellesmere-Handschrift (1400-1410). Huntington Library, San Marino, California 26
Aus Geoffrey Chaucer, *The Canterbury Tales*, Westminster (1485?). British Library, London 125
Aus *Les Chroniques de France* (14. Jh.). British Library, London 12
Aus *Les Chroniques de France* oder *Les Chroniques de Saint-Denis* (14. Jh.). British Library, London 11; Foto Bridgeman Art Library, London 69
Aus dem *Codex Manesse*, Zürich (ca. 1310-40). Universitätsbibliothek Heidelberg 155; Foto akg-images, London 95
College of Arms, London 38
Foto Corbis, London/ Dallas und John Heaton/ Free Agents Limited 45
Aus Godefroy (Gottfried) de Bouillon, Kreuzzüge. Bibliothèque Nationale, Paris. Foto Getty Images, London 9
Aus dem Chanson de Geste (Anfang 14. Jh.). British Library, London 34
Aus Christine de Pizan, *Livre des Faits d'Armes et de Chevalerie* (15. Jh.). Bibliothèque Nationale, Paris 2, 65
Aus den Dekretalen Gregors IX. (14. Jh.) British Library, London 23
Falkenbeiz, aus *Traites de Fauconnerie et de Venerie* (1459) Musée Condé, Chantilly 225
Aus Jean de Froissart, *Chroniques* (15. Jh.) Bibliothèque Nationale, Paris 175, 177, 190
Aus Jean de Froissart, *Chroniques* (15. Jh.). British Library, London 17, 96
Aus einer Froissart-Übersetzung von T. Johnes (1839) 99, 127, 197
Aus *Histoire du petit Jehan de Saintre* (15. Jh.). British Museum, London 89, 93

Dr. Jörg Fündling ist wissenschaftlicher Mitarbeiter am Historischen Institut der Technischen Hochschule Aachen. In den letzten Jahren ist er wiederholt als Übersetzer historischer Literatur hervorgetreten, darunter *Legionär in der römischen Armee* (2010). Zu seinen eigenen Publikationen zählen der preisgekrönte *Marc Aurel* (2008) und *Kaiser von morgens bis abends* (2009).

Dr. Jan Keupp unterrichtet das Fach Mittelalterliche Geschichte an der Universität Heidelberg. Er hat eine Vielzahl von Studien zu unterschiedlichen Aspekten des Rittertums und der höfischen Kultur in Deutschland und Italien vorgelegt.

Prof. Dr. Michael Prestwich ist einer der besten Kenner der mittelalterlichen Militärgeschichte, ein ausgewiesener Fachmann, der zahlreiche Veröffentlichungen zum Thema verfasst hat. Prestwich war Professor für Mittelalterliche Geschichte an der Universität Durham.